国家海水鱼产业技术体系（CARS-47）产业经济研究室研究成果
国家社会科学基金一般项目"高质量发展视域下我国渔业'水域—区域—省域'
协同治理研究（24BGL193）"阶段性研究成果

中国水产品区域公用品牌发展报告

2024

杨正勇　李玉峰　徐　璞 —————— 著

上海交通大学出版社
SHANGHAI JIAO TONG UNIVERSITY PRESS

内容提要

本书基于"互联网＋"视角,创新性地构建了中国水产品区域公用品牌发展指数测算框架,并对 33 个具有代表性的水产品区域公用品牌进行了发展指数评价。基于测算结果,本书进一步剖析了中国水产品区域公用品牌发展面临的难点与挑战,提出了中国水产品区域公用品牌发展建议。此外,本书还总结了国内外知名水产品区域公用品牌的成功建设经验和典型做法,旨在为管理部门提供决策参考,也能为区域品牌水产品经营主体提供实践指导。本书的读者对象为水产品行业企业经营人员、行政管理部门工作人员、科研人员,以及农业经营管理相关专业的学生。

图书在版编目(CIP)数据

中国水产品区域公用品牌发展报告. 2024 / 杨正勇,
李玉峰, 徐璞著. -- 上海 : 上海交通大学出版社,
2025.4. -- ISBN 978-7-313-32461-0

Ⅰ. F724.726

中国国家版本馆 CIP 数据核字第 2025K3F785 号

中国水产品区域公用品牌发展报告 2024
ZHONGGUO SHUICHANPIN QUYU GONGYONG PINPAI FAZHAN BAOGAO 2024

著　　者:杨正勇　李玉峰　徐　璞

出版发行:上海交通大学出版社　　　　　　地　　址:上海市番禺路 951 号
邮政编码:200030　　　　　　　　　　　　电　　话:021-64071208
印　　制:苏州市越洋印刷有限公司　　　　经　　销:全国新华书店
开　　本:710 mm×1000 mm　1/16　　　　印　　张:8
字　　数:117 千字
版　　次:2025 年 4 月第 1 版　　　　　　印　　次:2025 年 4 月第 1 次印刷
书　　号:ISBN 978-7-313-32461-0
定　　价:88.00 元

前言 | Foreword

　　党的二十大报告聚焦新质生产力与高质量发展,要求加快推动农业强国与海洋强国建设。水产品区域公用品牌(以下简称水产品区域品牌)建设是打造渔业新质生产力、推动渔业高质量发展的重要抓手,在促进区域渔业经济发展、应对国际贸易挑战等方面具有重要作用和意义。在国家海水鱼产业技术体系(CARS-47)产业经济研究室、上海海洋大学中国渔业战略发展研究中心的组织下,上海海洋大学经济管理学院国家海水鱼产业技术体系产业经济岗位团队针对中国水产品区域品牌发展状况展开研究,形成了《中国水产品区域品牌发展报告2024》。

　　本书包括报告篇和案例篇2个部分。在报告篇中,研究团队构建了中国水产品区域品牌发展指数测算框架,从"互联网+"视角切入,形成品牌实力、品牌活跃度、线上销售、消费反馈4个一级评价指标,并设置了品牌历史、品牌认证、百度资讯数、抖音话题播放量、线上商品数量、线上店铺数量、线上销售量、线上评论数、线上好评率9个二级评价指标。通过网络爬虫等技术收集水产品区域品牌公开数据,进行相关性检验;运用专家赋值法,确定水产品区域品牌发展指数指标体系的权重;在全国六大行政片区,选择了33个具有代表性的水产品区域品牌,运用熵权法,对水产品区域品牌发展状况进行综合指数评价与分项指数评价,以评估我国水产品区域品牌发展状况。

　　在案例篇中,研究团队以挪威三文鱼、加拿大象拔蚌、厄瓜多尔对虾、宁德大黄鱼、乳山牡蛎等7个国内外知名的水产品区域品牌作为代表,对水产品区域品牌典型案例的发展概况与品牌建设经验进行了梳理与归纳,以期为我国水产品区域品牌的发展提供参考借鉴。

结合水产品区域品牌指数测算与典型案例分析,本书提出了我国水产品区域品牌建设的问题、原因与未来发展建议。我国水产品区域品牌整体实力还需进一步提升,省际水产品区域品牌实力差距有待缩小,水产品区域品牌实力后继发展能力尚须加强。在数字经济背景下,各地水产品区域品牌线上活跃度亟待持续提高。在线上销售方面,沿海经济发达地区区域品牌水产品销售表现更为优异,同时阳澄湖大闸蟹、潜江龙虾等方便运输的水产品线上销售表现更好,但其他内陆地区区域品牌水产品、生鲜鱼类区域品牌水产品的线上销售与前两者相比有一定差距。在消费反馈方面,区域品牌水产品线上消费评价存在一定的优化空间与突破潜力。中国水产品区域品牌建设发展,要坚持政府引导、行业支撑和企业主营,三方协力、共同驱动。要持续推进"三品"战略,坚持品牌扶持、品牌打造和品牌整合,按照"规模养殖、产销衔接、品牌发展、错位竞争"思路,打造具有各地特色的水产品区域品牌集群,构建中国水产品区域品牌可持续发展的"大生态"。

在本书的创作过程中,上海海洋大学经济管理学院博士研究生陈仑松,硕士研究生耿从聪、钟云霞、徐伟豪、张川川也参与了调研与撰写工作。项目调研过程中涉及了诸多行业协会及企业的领导、专家、学者,他们也为本书的出版作出了重要贡献。在此,对所有为本研究项目和本书出版作出贡献的领导、专家、学者、老师和同学,一并表示衷心的感谢!

未来,上海海洋大学经济管理学院国家海水鱼产业技术体系产业经济岗位团队还将持续完善中国水产品区域品牌发展指数评价指标体系,扩大样本选择范围,以形成系列研究报告。

目录 | Contents

绪　　言

在全面建设社会主义现代化国家的新征程中,发展新质生产力、推动高质量发展已成为国家战略的核心命题。党的二十大报告明确提出"加快建设农业强国、海洋强国"的宏伟目标,强调以科技创新和产业升级为核心动力,重塑现代农业与海洋经济格局。水产品行业作为贯通农业与海洋经济的关键纽带,既是保障国家粮食安全的"蓝色粮仓",也是构建双循环新发展格局的重要支撑。

当前,全球农业竞争已从资源与产量的比拼转向品牌与价值链的角逐。我国"品牌强农、质量兴农"战略的深化实施,既是破解农业"大国小农"结构性矛盾的关键举措,更是落实"大食物观"、拓展多元化食物供给体系的实践路径。水产品作为"向江河湖海要食物"的核心载体,其区域品牌建设不仅关乎渔业转型升级,更是践行海洋强国战略、抢占全球水产品贸易制高点的必然选择。

中国水产品行业历经 40 多年的高速发展,实现了从"资源捕捞"到"生态养殖"、从"分散经营"到"全链整合"的跨越式发展。1985 年,我国水产品产量仅 705 万吨[①],至 2023 年底已突破 7 000 万吨[②],连续 34 年稳居全球首位[③],占全球总产量的 40%以上[④]。深海网箱养殖、循环水工厂化模式等技

---

① 黄祥.我国水产品总产量跃居世界首位[J].现代渔业信息,1991(8):27.
② 农业农村部渔业渔政管理局,全国水产技术推广总站,中国水产学会.2024 中国渔业统计年鉴[M].北京:中国农业出版社,2024.
③ 人民日报.我国海洋渔业资源衰退速度大幅减慢　水产品总产量连续 34 年居世界第一[EB/OL].(2024 - 12 - 05)[2025 - 02 - 26].http://paper.people.com.cn/rmrb/pc/content/202412/05/content_30032963.html.
④ 中国日报.发展池塘绿色高效养殖,保障优质水产品供给[EB/OL].(2024 - 05 - 06)[2025 - 02 - 26].https://cn.chinadaily.com.cn/a/202405/06/WS6638a59fa3109f7860ddc59b.html.

· 001 ·

术创新推动产业升级。2023 年,我国海水养殖产量占全球的比重已超60％[①],成为世界渔业发展的核心引擎。然而,在规模扩张的同时,质量与品牌建设的步伐仍需加速。尽管我国水产品出口额在 2022 年底达到 230 亿美元[②],但在国内高端水产品市场中,进口三文鱼、鳕鱼等品类仍占据主导地位。2023 年,中国共进口了超 9.3 万吨大西洋鲑,同比增长 46％[③],折射出国产高端供给与消费升级需求的错配。农业农村部的数据显示,2023 年国家产地水产品兽药残留监测抽检合格率达 99.5％[④],但中小养殖户标准化程度偏低、质量追溯体系覆盖不足等问题依然存在。以阳澄湖大闸蟹为例,其品牌价值虽超千亿元,但有报道称市场上 99％的"阳澄湖"产品实为异地养殖或假冒品牌[⑤],暴露出品质管控与品牌保护的短板。这些数据与案例印证了行业整体实力壮大的背后,质量筑基、品牌增效仍是高质量发展的关键课题。

《中国水产品区域公用品牌发展报告 2024》由国家海水鱼产业技术体系(CARS‐47)产业经济研究室与上海海洋大学中国渔业战略发展研究中心联合编撰,聚焦"互联网＋"时代下的中国水产品区域公用品牌建设与发展问题。在报告篇,研究团队构建了中国水产品区域公用品牌发展指数评价体系,从品牌实力、品牌活跃度、线上销售、消费反馈四大维度构建评价框架,涵盖品牌历史、抖音话题播放量、线上好评率等 9 项细分指标。通过大数据爬取与熵权法测算,对全国六大行政区域的 33 个代表性品牌展开精准分析,揭示中国水产品区域公用品牌"沿海集聚效应显著、内陆潜力亟待释放"的梯度特征。案例篇则对标国内外水产品标杆区域公用品牌,深度解析

① 人民日报.我国渔业现代化建设加速推进　养殖产量占全球近 60％[EB/OL].(2024‐11‐22)[2025‐02‐26].http://finance.people.com.cn/n1/2024/1122/c1004‐40367126.html.
② 农业农村部渔业渔政管理局.2022 年全国渔业经济统计公报[EB/OL].(2023‐06‐28)[2025‐02‐26].http://www.yyj.moa.gov.cn/kjzl/202306/t20230628_6431131.htm.
③ 每日经济新闻.三文鱼价格大跳水! 三文鱼"自由"要来了?(2)[EB/OL].(2024‐06‐11)[2025‐02‐26].https://kan.china.com/article/3826459_2.html.
④ 农业农村部渔业渔政管理局.农业农村部:2023 年国家产地水产品兽药残留监测抽检合格率为 99.5％[EB/OL].(2024‐01‐10)[2025‐02‐26].http://www.yyj.moa.gov.cn/gzdt/202401/t20240110_6445236.htm.
⑤ 北京青年报.假"阳澄湖大闸蟹"何以泛滥成灾[EB/OL].(2018‐09‐26)[2025‐02‐26].https://epaper.ynet.com/html/2018‐09/26/content_304584.htm?div=‐1.

挪威三文鱼、加拿大象拔蚌等国际品牌的建设运营模式,并提炼宁德大黄鱼、乳山牡蛎等国内品牌的突围经验。

　　未来,中国水产品区域公用品牌建设应围绕"增品种、提品质、创品牌"的战略导向推进,锚定"规模养殖、产销衔接、品牌发展、错位竞争"的路径,在政策协同、技术赋能与生态共建中培育兼具地域特色与国际竞争力的品牌集群。期待这份凝聚理论与实践智慧的成果,能为中国水产品行业从"产量冠军"向"品牌强国"的跨越提供智力支撑,为农业强国建设注入澎湃的"蓝色动能"。

报 告 篇

- 中国水产品区域品牌发展指数测算框架
- 中国水产品区域品牌发展指数综合评价与分项评价
- 中国水产品区域品牌建设难点、原因与发展建议

第一章

中国水产品区域品牌发展指数测算框架

在质量兴农、品牌强农等国家战略持续稳步推进的大背景下,我国渔业产业正迎来前所未有的发展机遇。为积极响应国家号召,以水产品品牌建设助推渔业产业提质增效,加快实现渔业产业高质量可持续发展,各地纷纷着手培育具有鲜明地方特色的水产品品牌。这些品牌不仅代表了地方渔业的优质产出,更是推动渔业经济转型升级的重要力量。区域品牌水产品往往具有生产地域性、品种稀有性、品质差异性等多重特征,但其品牌发展水平参差不齐,故如何公正、客观地衡量各区域品牌的发展状况,成为当前亟待解决的问题。为此,本章在综合借鉴已有文献的基础上,结合当前我国水产品品牌发展的实际情况,尝试构建一个全面、系统、科学的中国水产品区域品牌发展指数测算框架,以实现对中国各水产品区域品牌发展状况的综合评价。

第一节　水产品区域品牌发展指数体系构建

经过对现有文献及研究成果的深入分析与概括,笔者认为区域品牌发展状况的评价体系应涵盖以下四个维度:一是品牌实力[1],能够充分体现其市场竞争力和影响力。二是品牌活跃度[2],在消费者和品牌之间充当纽带

---

[1] 葛蓓.构筑中国服装品牌实力的途径[J].毛纺科技,2016(9):72-76.
[2] 肖开红,任梦洁,雷兵,等.直播间新锐品牌消费者认同形成机制研究[J].管理学刊,2023(2):131-149.

作用。三是线上销售[1]，是品牌市场价值的最终体现。四是消费反馈[2]，是衡量消费者对品牌满意度与忠诚度的关键指标。

一、品牌实力

品牌实力是品牌市场竞争力和影响力的集中体现[3]，能够直观展示该品牌的综合优势及核心价值所在。衡量品牌实力离不开历史积累和专业机构认证。一方面，具有历史底蕴的区域品牌有更强的市场风险应对能力，也能积累一定的"人气"；另一方面，专业机构的认证既能为品牌信用背书，也降低了消费者的搜寻成本，便于品牌的市场开拓。

（一）品牌历史

品牌历史与产品的核心竞争力息息相关，并在一定程度上反映了品牌的含金量。首先，品牌历史越悠久，其底蕴往往越深厚，越能展现出强大的市场风险应对能力。其次，历史底蕴深厚的品牌在区域竞争中将更具优势和影响力，其产品也能凭借品牌优势获得相应的市场溢价。最后，通过长期的市场渗透和口碑营销，能够使该品牌被区域市场甚至国际市场的消费者所熟知，从而使其在制定营销策略时具有先发优势。

农产品地理标志和国家地理标志保护产品，作为备受消费者信赖的农产品"金字招牌"，分别由农业农村部和国家质量监督检验检疫总局（现为国家市场监督管理总局）遴选公布。其中，农产品地理标志所标识的农产品[4]均来源于特定地域，其产品品质和相关特征主要取决于自然生态环境和历史人文因素，并选用该产品所在的地域名称加以冠名[5]；国家地理标志保护产品则是指产自特定地域，所具有的质量、声誉或其他特性本质上

---

[1] 乔怡迪,吴祎炀,卞佳玲.区域公用品牌价值提升路径研究：无形公共资产视角[J].宏观质量研究，2023,11(5)：16-32.
[2] 廖灵芝,杨晓燕.基于消费者角度农产品区域公用品牌竞争力评价研究[J].西南林业大学学报(社会科学),2024,8(2)：55-61.
[3] 朱颖.重树历史品牌价值激活品牌软实力[J].中国注册会计师,2012(11)：20-23.
[4] 此处所称的农产品是指来源于农业的初级产品，即在农业活动中获得的植物、动物、微生物及其产品。
[5] 农业部市场与经济信息司.农产品地理标志管理办法〔2007〕中华人民共和国农业部令第 11 号[EB/OL].(2007-12-25)〔2025-01-14〕.http://www.scs.moa.gov.cn/zcjd/201006/t20100606_1532979.htm.

取决于该产地的自然因素和人文因素,经审核批准以地理名称进行命名的产品[①]。

本研究以区域品牌水产品被收录到农产品地理标志和国家地理标志保护产品目录的时间,作为衡量水产品区域品牌历史的标准。

（二）品牌认证

品牌认证是产品实力得到客观反馈的集中体现。目前,我国农产品市场存在低质量的信息均衡[②],品牌管理缺乏深度,精细化管理水平不高,粗糙的产品和服务难以持续吸引消费者[③]。同时,区域内生产者的"搭便车"行为也使得品牌的维护与发展之路困难重重[④]。而相关机构的质量认定和背书,作为对产品生产质量及管理流程的权威认可,不仅显著提升了消费者对品牌的认同感,还有效降低了消费者的信息搜集成本[⑤]。

农业农村部设立的农业品牌精品培育名单和商务部设定的中欧地理标志协定名单对评估水产品区域品牌实力具有重要的参考意义。其中,农业品牌精品培育名单是农业农村部为推动农业"三品一标"建设,实现农业现代化发展的重要举措[⑥]。中欧地理标志协定则是我国同外商签订的第一份全面高水平的地理标志双边协定。这意味着在中欧的正规市场上,协定将为双方的地理标志产品提供高水平保护,以有效遏制假冒地理标志产品的泛滥。

鉴于此,本研究以水产品是否被纳入农业品牌精品培育名单和中欧地理标志协定名单作为衡量水产品区域品牌认证情况的标准。

---

① 国务院.地理标志产品保护规定〔2005〕中华人民共和国国家质量检验检疫总局令第78号[EB/OL].(2006-05-30)[2025-01-14].https://www.gov.cn/gongbao/content/2006/content_292138.htm.
② 涂传清,王爱虎.农产品区域公用品牌的经济学解析:一个基于声誉的信号传递模型[J].商业经济与管理,2012(11):15-23,32.
③ 董银果,钱薇雯.农产品区域公用品牌建设中的"搭便车"问题:基于数字化追溯、透明和保证体系的治理研究[J].中国农村观察,2022(6):142-162.
④ 耿献辉,牛佳,曹钰琳,等.农产品区域公用品牌维护及可持续发展机制:基于固城湖螃蟹的案例研究[J].农业经济问题,2023(4):78-91.
⑤ 周立,罗章章.区域公用品牌建设助力乡村高质量发展的策略组合:基于陕西"袁家村"的案例分析[J].宏观质量研究,2024,12(1):15-30.
⑥ 胡世霞,王红玲,陈世雄,等.关于乡村振兴背景下农业区域公用品牌建设的探讨[J].农业经济,2022(10):124-126.

二、品牌活跃度

品牌活跃度在消费者与产品间扮演着沟通桥梁的角色[①]。品牌活跃度高的产品能有效刺激消费者的购买欲望[②]，并且这种刺激行为会伴随消费者的关系网络结构而扩散，形成一定的群体效应。近年来，随着我国互联网与数字经济的蓬勃发展，网络已然成为农产品品牌推广的全新战场。借助互联网信息传播的广泛性和快速性，能够使部分与产品品牌有关的话题迅速形成网络热点和舆论焦点，从而使品牌能够在短时间内迅速提高知名度并扩大影响力。鉴于此，本研究选用百度资讯数、抖音话题播放量作为衡量水产品区域品牌活跃度的指标。

（一）百度资讯数

百度资讯是一个集成了广泛用户基础与高效信息处理能力的资讯检索平台。分析该平台的数据能够从侧面反映水产品的品牌活跃度。首先，资讯本身具备的时效性和地域性特征，要求资讯内容不仅为消费者所接收，还需在"发布—接收—反馈"这一链条中保持稳定流通，从而有效反映当前消费者的兴趣焦点。而资讯数量便能较好地反馈消费者当前的关注热点，是衡量网络活跃度的重要参考依据。其次，百度作为全球领先的中文搜索引擎，其庞大的用户群体构成了品牌网络活跃度评估的坚实基础。最后，鉴于网络信息在现代消费决策中的核心作用，尤其是在消费者对产品信息掌握不足时，他们更倾向于通过主流搜索引擎来寻找并确认相关信息。而百度资讯数正是通过统计分析消费者的搜索和资讯浏览行为，来衡量品牌在网络空间中的被关注程度和互动活跃度。

（二）抖音话题播放量

随着互联网通信技术的飞速发展和智能手机的广泛普及，短视频已然成为消费者获取产品信息的重要渠道。2023 年，我国网络视频用户已达

---

① 邵景波,胡名叶,陈珂珂,等.在线品牌社区中的社会影响效应:好友网络对顾客参与活跃度的影响研究[J].中国软科学,2018(10):109-116.
② 冯勇,韩晓龙,付陈平,等.集成用户信任度和品牌认可度的商品推荐方法[J].计算机应用,2018(10):2886-2891.

10.67亿人,短视频用户规模为10.53亿人,占网民整体的96.4%[①]。《中国网络视听发展研究报告(2024)》的数据显示,我国居民人均单日使用短视频应用的时长达151分钟,各类网络视听行业市场规模达到11 524.81亿元,占同年国内生产总值的近1%,这充分证明了短视频应用对于人们日常生活和社会经济发展的重要性。而抖音作为国内最受欢迎的短视频平台,其用户使用时长同比增量更是占到网络视频行业的一半以上[②]。与此同时,抖音平台的商业变现效率也在持续走高。2024年"6·18"期间,抖音商城订单数量同比增长94%,成交金额同比增长85%[③]。抖音平台庞大的用户基数与巨大的商业发展潜力,既充分证明其在我国网民群体中普及度之高,也意味着抖音上发布的话题播放量能够更加真实、准确地反映出水产品区域品牌的市场活跃度和受众关注度。因此,抖音话题播放量可成为衡量水产品区域品牌活跃度的重要参考指标。

三、线上销售

产品销售状况是衡量品牌价值和市场化能力的基础。区域品牌则可以有效提升农产品的价值,但不是所有的区域品牌都有较高的价值[④]。

农产品线上销售状况已成为数字化时代中衡量农产品品牌市场表现的重要参考指标。第53次《中国互联网络发展状况统计报告》显示,2023年底我国网络购物用户已达到9.15亿人,占全体网民的83.8%,占国民总人数的64.94%。同年,全国网上零售额达到15.42万亿元,同比增长11%,我国已连续11年成为全球第一大网络零售市场。其中,全国农村网络零售额和农产品网络零售额分别达到2.49万亿元和0.59万亿元,二者的增速均快

① 邱志萍,李帅,卢逊志,等.中国大数据与人工智能网络关注度的时空特征及驱动因素研究:基于百度指数的实证分析[J].统计与管理,2024,39(12):44-53.
② 中国互联网信息中心.CNNIC:第54次《中国互联网络发展状况统计报告》[EB/OL].(2024-09-09)[2025-02-26].https://www.100ec.cn/detail-6642010.html.
③ 钛媒体.抖音电商:618期间商城GMV同比增长85%,订单量同比增长94%[EB/OL].(2024-06-24)[2025-02-07].https://www.tmtpost.com/nictation/7140741.html.
④ 乔怡迪,吴祎炀,卞佳玲.区域公用品牌价值提升路径研究:无形公共资产视角[J].宏观质量研究,2023,11(5):16-32.

于网络零售总体[①]。2023 年,我国网络零售总额已占全年国内生产总值的 12.24%[②]。网络购物已然成为我国消费形式的重要组成部分。

农产品区域品牌以区域特色产业发展为基础,借助区域特定的地理自然资源和人文资源,形成有别于其他地区同类农产品的品质。其产品通常遵循"区域名+产品名"的命名规则,从而向消费者有效地传达了产品的特殊区位优势,并以此形成差异化的溢价效应[③]。因此,在评估农产品区域品牌的线上销售表现时,品牌溢价无疑是一个核心考量因素。其中,区域品牌的商品数量、商铺数量以及实际销售量是衡量其品牌溢价的关键指标[④]。

淘宝作为区域农产品线上销售的重要平台之一,每年吸引超过 9 000 万人购买,年交易额超过 1 000 亿元[⑤]。凭借庞大的消费群体和用户基础,淘宝平台成为评估区域农产品线上销售状况的优质数据来源。本研究运用网络爬虫技术,从淘宝平台获取区域品牌水产品商品数量、商铺数量和销售量,以探究其市场价值。

四、消费反馈

消费反馈是品牌价值增值的重要依据,也是学者评价品牌竞争力的关键参考指标。关于品牌竞争力体系的构建,学者们虽然尚未形成统一意见,但均将消费反馈作为重要的衡量指标。如沈鹏熠认为农产品区域品牌营销刺激不能忽视消费反馈[⑥];李德立等也有类似的观点,他们认为消费反馈是区域品牌的重要支撑[⑦];王文龙将消费反馈视为农产品区域品牌重要的文

① 商务部.商务部电子商务司负责人介绍 2023 年我国电子商务发展情况[EB/OL].(2024 - 01 - 19)[2025 - 01 - 15].http://data.mofcom.gov.cn/article/zxtj/202401/61010.html.
② 国家统计局.中华人民共和国 2023 年国民经济和社会发展统计公报[EB/OL].(2024 - 02 - 29)[2025 - 02 - 26].https://www.stats.gov.cn/sj/zxfb/202402/t20240228_1947915.html.
③ 李娜娜,周小婷,张红霞,等.基于钻石模型和强制评价法的农产品区域公用品牌价值评价:以澄城樱桃为例[J].农业工程,2024(1):151 - 155.
④ 李保婵,苏琳,梁蓓蓓.基于改进 Interbrand 模型的地理标志农产品品牌价值评估:以广西平果桂中花猪为例[J].中国资产评估,2024(1):14 - 22.
⑤ 中国互联网络信息中心.CNNIC:第 54 次《中国互联网络发展状况统计报告》[EB/OL].(2024 - 09 - 09)[2025 - 02 - 26].https://www.100ec.cn/detail - 6642010.html.
⑥ 沈鹏熠.农产品区域品牌资产影响因素及其作用机制的实证研究[J].经济经纬,2011(5):85 - 89.
⑦ 李德立,宋丽影.农产品区域品牌影响力影响因素分析[J].世界农业,2013(5):85 - 90.

化内涵,也是区域品牌竞争力提升的重要途径[1];张涛等则进一步指出消费反馈是政府和行业发展区域品牌的重要抓手[2]。归纳而言,既有文献已从不同角度充分论证了消费反馈对区域品牌发展的重要作用。

消费者评价是区域水产品消费反馈的核心指标,需要一个客观的第三方平台作为参考。鉴于京东在电商领域的卓越表现及庞大的用户基础,本研究团队决定选用京东用户评价作为本研究的参考标准。2022 年,京东集团首次以 9 515.92 亿元的营收规模稳占"2022 年中国民营企业 500 强"榜首位置[3]。2023 年,京东集团全年收入达到 10 847 亿元,第三方商家数量同比增长了 188%,新增商家数量同比增加了 4.3 倍[4]。

第二节　样本选择与指标说明

为测度我国水产品区域品牌发展状况,既需要构建合理的测度体系,也需要筛选合适的样本和合理的指标。一方面,依据研究目的,选择合适的水产品区域品牌作为研究样本;另一方面,依据前文提到的理论体系构建科学的指标体系。

一、样本选择

笔者依据水产品区域品牌的知名度和数据收集难易程度,从国家地理标志、农产品地理标志等目录中筛选出 33 个水产品区域品牌。本研究遵循的筛选原则如下:一是充分考虑到我国渔业自东向西的发展路径,纳入了主要海水鱼品牌;二是考虑到各省、区、市的渔业发展状况,选取了当地知名的水产品区域品牌;三是依据本研究前期访谈结果,选取了极受消费者喜爱的区域水产品品牌,如阳澄湖大闸蟹、盱眙龙虾等,完整名单如表 1.1 所示。

① 王文龙.中国地理标志农产品品牌竞争力提升路径研究[J].青海社会科学,2018(5):110-116.
② 张涛,王宗水,赵红.新疆农产品区域品牌发展战略研究[J].乌鲁木齐职业大学学报,2018,27(1):15.
③ 经济服务部.2022 中国民营企业 500 强发布报告[EB/OL].(2022-09-07)[2025-02-26].https://www.acfic.org.cn/ztzlhz/2022my5bq/2022my5bq_4/202208/t20220830_111966.html.
④ 每日经济新闻.刘强东再创万亿年营收! 公司市值一夜大涨 389 亿元[EB/OL].(2024-03-07)[2025-02-07].http://www.nbd.com.cn/articles/2024-03-07/3271086.html.

表 1.1　水产品区域品牌样本名单

省　份	种　　类	省　份	种　　类
福建	宁德大黄鱼	黑龙江	抚远大马哈鱼
福建	定海湾丁香鱼	湖北	潜江龙虾
广东	白蕉海鲈	湖南	汉寿甲鱼
广东	南沙青蟹	江苏	盱眙龙虾
广西	柳州螺蛳	江苏	阳澄湖大闸蟹
广西	桂平黄沙鳖	江西	彭泽鲫
山东	蓬莱海参	内蒙古	呼伦湖鲤鱼
山东	威海海参	宁夏	沙湖大鱼头
浙江	舟山大黄鱼	山西	吴王渡黄河鳖
浙江	温州大黄鱼	陕西	汉中大鲵
辽宁	大连红鳍东方鲀	四川	雅鱼
辽宁	东港杂色蛤	西藏	亚东鲑鱼
安徽	合肥龙虾	新疆	天蕴三文鱼
贵州	锦屏腌鱼	云南	抚仙湖抗浪鱼
海南	和乐蟹	重庆	石柱莼菜
河北	唐山河鲀	吉林	查干湖胖头鱼
河南	郑州黄河鲤鱼	—	—

依据农业农村部公布的农产品地理标志目录和国家质量监督检验检疫总局(现为国家市场监督管理总局)公布的国家地理标志保护产品目录,本研究团队并未提取到香港、澳门、台湾、甘肃、青海、北京、天津和上海的知名水产品,因此,仅测算全国 26 个省、区、市的水产品区域品牌。

二、指标说明

本研究基于现有文献和实际数据,结合水产品行业的特点,从品牌实力、品牌活跃度、线上销售和消费反馈 4 个核心维度构建评价体系。如表 1.2 所示,品牌实力维度主要反映品牌的历史积淀和官方认可度,包含品牌历史与品牌认证 2 个二级指标;品牌活跃度维度主要衡量品牌在传统媒体和新媒体上的曝光度和影响力,包含百度资讯数和抖音话题播放量 2 个二级指标;线上销售维度关注品牌在电商平台的表现,包括线上商品数量、线上店铺数量和线上销售量 3 个二级指标;消费反馈维度则通过消费者评价数据反映品牌的市场口碑和用户满意度,包括评论数和好评率 2 个二级指标。通过对这些指标的量化分析,本研究旨在全面评估我国水产品区域品牌的发展现状及差异化特征,以客观地揭示我国水产品区域品牌的发展现状、优势与不足,为相关政策的制定和落实提供科学依据。

表 1.2　指 标 说 明

一级指标	二级指标	单　位	均　值	标准误	方　向
品牌 实力	品牌历史 品牌认证	年 个	10.97 0.24	4.75 0.61	正 正
品牌 活跃度	百度资讯数 抖音话题播放量	条 万人	58.06 13 447.83	39.43 57 337.57	正 正
线上 销售	线上商品数量 线上店铺数量 线上销售量	个 个 件	110.12 45.39 600.06	164.48 65.49 1 160.74	正 正 正
消费 反馈	评论数 好评率	条 —	198 706.40 0.80	742 294.80 0.38	正 正

注：① 品牌历史＝2024－品牌最早入选区域品牌标志名单年份。
　　② 保留前 2 位小数。

本研究运用 Stata 18.0 对收集的数据进行了描述性统计分析,主要发现如下:

(1) 水产品区域品牌发展水平显著不均衡。从各指标的标准误来看,抖音话题播放量、线上销售量和评论数的标准误均较大,表明不同区域品牌在这些指标上的表现差异显著。例如,抖音话题播放量的标准误高达 57 337.57,说明部分品牌在社交媒体上的活跃度远高于其他品牌。

(2) 品牌实力维度方面,品牌历史的均值为 10.97 年,表明我国水产品区域品牌整体发展时间较长,但品牌认证数量较少,均值仅为 0.24 个,说明品牌在官方认证和标准化建设方面仍有较大提升空间。

(3) 品牌活跃度维度方面,百度资讯数和抖音话题播放量的均值分别为 58.06 条和 1.34 亿人,反映出品牌在传统媒体和新媒体上的曝光度存在较大差异,部分品牌在新媒体营销方面表现突出。

(4) 线上销售维度方面,线上商品数量和线上店铺数量的均值分别为 110.12 个和 45.39 个,表明线上销售渠道的覆盖范围较广,但销售量的标准误(1 160.74)较大,说明不同品牌的线上销售能力差异显著。

(5) 消费反馈维度方面,评论数的均值高达 198 706.40 条,但标准误为 742 294.80,表明部分品牌的消费者参与度极高,而其他品牌则相对较低。好评率的均值为 0.80,整体表现较好,但仍存在一定波动(标准误为 0.38)。

第三节 测算方法与数据检验

本书所建立的水产品区域品牌发展指数体系主要涉及品牌实力、品牌活跃度、线上销售和消费反馈 4 个维度。若仅考虑 4 个维度的数据波动差异从而确定权重,则可能遗漏重要指标信息;若不考虑数据波动差异,则会忽略部分重要数据信息。在综合考虑后,本研究采用主客观权重赋值法,对中国区域水产品区域品牌发展指数进行测算。

一、主观赋值

本研究团队邀请渔业经济研究领域相关专家对指标进行评分,依据评

分结果进行赋值,从而确保估计结果的权威性,具体步骤如下:

(1) 通过邮件等方式,邀请专家对各指标的重要程度进行评分。

(2) 整理专家评分结果,获得指标的算术均值,具体见公式(1-1):

$$x_i' = \frac{1}{n} \sum_{n=1}^{n} x_{in} \tag{1-1}$$

x_i' 表示第 i 个指标的均值,n 表示第 n 个专家。

(3) 依据相关专家的评估结果计算指标权重,避免对数据的过度处理从而损失指标重要性方面的信息,具体见公式(1-2):

$$d_i = x_i' / \sum_{i=1}^{11} x_i' \tag{1-2}$$

d_i 表示第 i 个指标的权重。

(4) 将每个维度下指标的权重叠加起来,从而计算各维度的权重。

二、客观赋值

考虑到指标单位差异及标准误的差异,为尽可能地保留更多数据的原始信息熵,笔者对数据进行标准化处理,获取有效信息熵[1],具体步骤如下:

(1) 构建基础矩阵,采用正向极值标准化,消除指标间存在的量纲差异,获得标准矩阵,具体见公式(1-3):

$$\boldsymbol{Z}_{ij} = (x_{ij} - x_{i\min}) / (x_{i\max} - x_{i\min}) \tag{1-3}$$

$\boldsymbol{Z}_{ij}$ 表示基础矩阵 $\boldsymbol{Z}$ 的第 i 行第 j 列元素;x_{ij} 表示第 i 个指标,第 j 个样本值。

(2) 对标准化矩阵进行归一化处理,获得比重矩阵,具体见公式(1-4):

$$\boldsymbol{p}_{ij} = Z_{ij} / \sum_{j=1}^{33} Z_{ij} \tag{1-4}$$

$\boldsymbol{p}_{ij}$ 表示比重矩阵 $\boldsymbol{p}$ 第 i 行第 j 列元素。

---

[1] CHEN L, SUN B. Research on the impact of relationship networks on farmers' formal credit constraints: the case of China[J]. International Journal of Engineering and Management Research, 2021(11): 4.

（3）计算指标信息熵与信息效用价值，具体见公式（1-5）和公式（1-6）：

$$e_i = -\frac{1}{\ln(33)} \sum_{j=1}^{33} \boldsymbol{p}_{ij} \ln(\boldsymbol{p}_{ij}) \tag{1-5}$$

$$d_i = 1 - e_i \tag{1-6}$$

e_i 表示第 i 个指标的信息熵，d_i 表示第 i 个指标的信息效用价值。

（4）基于信息效用价值，测算指标权重 g_i，具体见公式（1-7）：

$$g_i = d_i / \sum_{i=1}^{9} d_i \tag{1-7}$$

（5）通过标准化矩阵和权重矩阵，测算水产品区域品牌各维度指数，具体见公式（1-8）：

$$W = g * Z \tag{1-8}$$

基于以上主观和客观权重赋值法，实现了既保留指标数据的有效信息，也保留指标重要性信息，从而测算出水产品区域品牌发展指数，为下文的进一步分析提供数据支撑。

三、数据相关性检验

本书的数据来源于以下三个渠道：一是政府公开的数据库，如国家地理标志目录、农产品地理标志目录等；二是公开数据，如抖音话题播放量等；三是其他数据，通过爬虫技术获得，如淘宝平台店铺数量等。因为数据真实可查，不必进行信度检验，故本书仅对指标的相关性进行检测。通过检验，指标间存在正相关，具体如表 1.3 所示。

表 1.3　皮尔森（Person）相关性检测表

变量	品牌历史	品牌认证	百度资讯数	抖音话题播放量	线上商品数量	线上店铺数量	线上销售量	评论数	好评率
品牌历史	1.000								
品牌认证	0.056 0.756	1.000							

续　表

变　量	品牌历史	品牌认证	百度资讯数	抖音话题播放量	线上商品数量	线上店铺数量	线上销售量	评论数	好评率
百度资讯数	−0.237 0.183	0.367* 0.036	1.000						
抖音话题播放量	0.300 0.090	0.274 0.123	0.102 0.571	1.000					
线上商品数量	0.173 0.336	0.787* 0.000	0.487* 0.004	0.543* 0.001	1.000				
线上店铺数量	0.199 0.267	0.699* 0.000	0.464* 0.006	0.568* 0.001	0.958* 0.000	1.000			
线上销售量	0.020 0.911	0.828* 0.000	0.440* 0.010	0.319 0.070	0.907* 0.000	0.841* 0.000	1.000		
评论数	−0.308 0.081	0.140 0.438	0.354* 0.044	−0.001 0.994	0.239 0.180	0.340 0.053	0.198 0.269	1.000	
好评率	−0.014 0.938	0.186 0.301	0.229 0.199	0.113 0.531	0.324 0.066	0.332 0.059	0.249 0.162	0.139 0.439	1.000

注：① ***、**、*分别表示统计检验水平为 1%、5%、10%。

　　② 小数点后保留前 3 位小数。

四、权重说明

在权重赋值方面,本研究综合采用了主观赋值法与客观赋值法,以确保权重设定的科学性和合理性。主观赋值法主要通过专家咨询和德尔菲法,邀请行业专家、学者和企业代表对各维度及其指标的重要性进行评分,充分考虑了行业经验和专业判断。客观赋值法则基于熵值法和主成分分析法,通过对历史数据和实际市场表现的分析,客观反映各指标对品牌发展指数的贡献度。通过主客观相结合的方法,本研究不仅避免了单一方法可能带来的偏差,还提高了权重赋值的准确性和可靠性。

(一)维度权重说明

维度权重的确定将采用专家赋值法(具体见第一节)。本研究团队为此邀请了 18 位渔业经济领域相关专家对水产品区域品牌发展指数的 4 个维度进行打分,具体结果如表 1.4 所示。通过专家评分测度,品牌实力的权重最高,达到 0.28,其次是消费反馈,品牌活跃度的权重则最低。这可能是因为品牌实力所选取的指标多为国家区域地理标志认证,专家们的认可度相对较高。

表 1.4 维度权重说明表

维 度	最 小	最 大	均 值	权 重
品牌实力	1	10	8.17	0.28
品牌活跃度	3	9	6.61	0.23
线上销售	3	10	7.00	0.24
消费反馈	3	10	7.39	0.25

注:仅保留 2 位小数。

（二）指标权重说明

运用前文提到的客观赋值方法,对水产品区域品牌发展指数涉及的 9 个指标的权重进行测算,最终得出各指标权重值,具体如表 1.5 所示。

表 1.5 指标权重说明表

一级指标	二级指标	指标权重
品牌实力	品牌历史 品牌认证	0.09 0.91
品牌活跃度	百度资讯数 抖音话题播放量	0.14 0.86
线上销售	线上商品数量 线上店铺数量 线上销售量	0.32 0.30 0.38
消费反馈	评论数 好评率	0.74 0.26

注:① 数据来源于笔者计算的结果。
② 小数点后保留前 2 位小数。

（1）品牌实力指标权重结果分析。品牌历史的权重值不足品牌认证权重值的1/10。笔者认为原因有以下两点：一是农业农村部和国家质检局开展农产品地理标志认证工作较晚，区域品牌历史差距较小，样本间波动也较小；二是经过商务部和中欧贸易认证的水产品区域品牌相对集中，且数量较少，均为国内外知名度较高的区域水产品区域品牌，样本间波动大。

（2）品牌活跃度指标权重结果分析。百度资讯数的权重值远低于抖音话题播放量的权重值。笔者认为原因有以下三点：一是百度虽然是我国最大的中文搜索引擎，但其实际用户量少于抖音；二是百度资讯虽能汇集相关品牌的新闻资讯，但由于内容聚合方式、更新频率或算法机制等方面的限制，使得不同品牌间的资讯内容在平台展现和传播上趋于同质化，因而品牌间资讯量差距较小；三是当前抖音已成为我国最重要的社交平台之一，因其会及时响应消费者的"求知"需求，并主动设置相关讨论话题，从而导致各品牌资讯量存在较大差距。

（3）线上销售指标权重结果分析。线上销售量的权重值明显高于线上商品数量和线上店铺数量的权重值，而线上商品数量的权重值和线上店铺数量的权重值接近。笔者认为原因有以下两点：一是消费者对不同水产品区域品牌认可度存在较大差距，致使部分区域水产品线上销售为0，但也存在某些区域水产品销售量超过1万单，从而导致样本间的波动剧烈；二是由于品牌的线上商品数量和线上商铺数量是基于消费者需求而产生的，且两者具有一定的孪生关系，因而使得样本间的波动相对较小。

（4）消费反馈指标权重结果分析。评论数的权重值远高于好评率的权重值，前者几乎是后者的3倍。笔者认为原因有以下两点：一是水产品区域品牌在消费者心中存在一定程度的差距，样本间波动较大；二是各地区的水产品区域品牌好评率基本相当，多在90.00％以上，样本间波动较小。

第二章

中国水产品区域品牌发展指数
综合评价与分项评价

为综合评价我国水产品区域品牌的发展状况,本书借鉴既有研究成果,构建了区域品牌评价体系及相应的指标体系。基于该评价体系,本研究采用主客观相结合的评价方法,对 33 个水产品区域品牌的综合发展水平及分项指数进行了测算,并从区域品牌发展指数的数理特征、地理分布和水域分布 3 个维度出发,全面分析了我国水产品区域品牌的发展现状。

第一节 中国水产品区域品牌分布概况

我国水产品区域品牌的分布与水资源禀赋、地理环境和生态系统密切相关。理清水产品区域品牌地域分布状况和主要品类,是分析我国水产品区域品牌现状和差异的重要前提。因此,本节将对我国区域品牌水产品主要品类及其地域分布情况进行详细介绍。

一、水产品区域品牌的地域分布

我国水产品区域品牌的地域分布整体呈现出东多西少的格局。东北、华东以及中南地区,得益于优越的地理位置和气候条件,拥有众多江河湖泊和海洋资源。这些地区的水产品种类丰富、产量大,因此区域品牌也相对较多。相比之下,华北、西南与西北地区受地形地貌和气候条件的制约,水资源相对匮乏,水产品种类和产量均较少,区域品牌相对较少。

　　具体来看,东北地区凭借其邻近渤海和黄海的地理位置,以及松花江、黑龙江、乌苏里江等众多河流湖泊带来的丰富水资源,为水生生物提供了理想的生长环境。尽管冬季严寒,但日照充足,使得查干湖胖头鱼等鱼类能够在东北的自然水体中茁壮成长。

　　华东地区则凭借丰富的海洋和江河资源,以及温和的气候条件,成为多种淡海水鱼类、贝类、甲壳类等水生生物的乐园。加之华东地区经济发达,居民消费能力强,对高品质水产品的需求旺盛,为地区水产品品牌的发展提供了广阔的市场空间。阳澄湖大闸蟹、宁德大黄鱼等知名水产品品牌便源自此地。

　　中南地区拥有众多河流、湖泊、水库等淡水资源,如长江、珠江、洞庭湖等,为该地区水产行业的发展提供了得天独厚的自然条件。潜江龙虾、鄂州武昌鱼等水产品品牌便是在这样的环境中应运而生的。

　　然而,华北、西北和西南地区由于水资源匮乏,水产业发展相对滞后。华北地区是我国最缺水的地区之一,长期面临严重的地下水超采问题。西北地区则是受限于干旱少雨的气候条件,不利于水产养殖业的大规模发展,且这些地区在水产养殖技术、种业、养殖污染治理和产品质量控制等方面均存在短板,高端人才和技术资源较为有限,致使其水产业的发展速度与发展质量受到一定限制。尽管如此,这些地区仍在努力发展特色水产品,如西藏的亚东鲑鱼、重庆的巫溪洋鱼等。

　　中国水产品区域品牌的地域分布情况如表2.1所示。

表 2.1　水产品区域品牌地域分布表

区　　域	省　　份	水产品区域品牌数量/个
华东	山东	55
	江苏	19
	安徽	17
	浙江	13
	福建	8
	江西	8

区　域	省　份	水产品区域品牌数量/个
中南	广西 湖北 湖南 河南 广东 海南	20 15 10 7 6 2
东北	辽宁 黑龙江	29 25
华北	内蒙古 河北	14 6
西南	四川 贵州 重庆 西藏 云南	4 3 2 1 1
西北	宁夏 陕西 新疆	2 2 2

资料来源：中国绿色食品发展中心《全国农产品地理标志登记汇总表》http://www.greenfood.agri.cn/xxcx/dlbzcx/。

注：① 表内仅涉及除甘肃、青海、香港、澳门、台湾等的全国 24 个省级行政区。

　　② 表中统计的品牌为截至 2022 年 3 月获得农业农村部农产品地理标志认定的水产品品牌。

二、水产品区域品牌的品种分布

鉴于我国地理环境的多样性与水资源分布的差异性，水产品区域品牌的品种分布在一定程度上受到自然地理条件的制约，因而呈现出明显的地域性特征。

沿海地区，毗邻海洋，海水鱼类资源丰富，如黄海、东海、南海等海域，孕育了大量的海洋水产品，包括但不限于鱼类、贝类、海藻等。沿河沿湖地区，淡水资源充沛，淡水鱼种类繁多，如长江、黄河、珠江等流域，以及洞庭湖、鄱阳湖、太湖等湖泊,是淡水鱼类的重要产地。这些地区的淡水鱼不仅种类多样,而且品质优良,具有较高的经济价值和生态价值。与此同时,在湖泊资源丰富的地区,如长江中下游的湖泊群,虾蟹类和龟类等水产品较为集中。这些湖泊地区的水产品不仅种类丰富,而且由于湖泊生态系统的独特性,其水产品的品质和口感往往具有鲜明的地方特色。

第二节　中国水产品区域品牌发展综合指数评价

在前文研究的基础上,本节将进一步分析中国水产品区域品牌发展指数的整体特征和区域差异。具体包含两方面:一是整体分析 33 个水产品区域品牌发展指数的数理特征,探究不同区域品牌间的发展差距;二是以省级行政区为单位,分析各地区(省、自治区、直辖市)水产品区域品牌发展的空间分布特征,并深入探讨水域资源对品牌发展的影响。

一、水产品区域品牌发展综合指数概况

笔者所测算的 33 个水产品区域品牌发展综合指数呈现出如下基本特征:① 综合指数均值为 0.162,标准误为 0.171。② 综合指数表现最好的是阳澄湖大闸蟹,为 0.628,比第二名宁德大黄鱼高出 0.029,约为均值的 3.877 倍。③ 综合指数超过均值的区域水产品品牌有 7 个,排名前三的分别是阳澄湖大闸蟹(0.628)、宁德大黄鱼(0.599)、潜江龙虾(0.593)。④ 综合指数最高的产品是最低的产品的 41.866 倍,具体如表 2.2 所示。

表 2.2　不同区域水产品区域品牌发展综合指数表

省　份	种　　类	综合指数	省　份	种　　类	综合指数
福建	宁德大黄鱼	0.599	广东	南沙青蟹	0.112
福建	定海湾丁香鱼	0.077	广西	柳州螺蛳	0.074
广东	白蕉海鲈	0.131	广西	桂平黄沙鳖	0.087

续 表

省　份	种　类	综合指数	省　份	种　类	综合指数
山东	蓬莱海参	0.087	江苏	盱眙龙虾	0.472
山东	威海海参	0.145	江苏	阳澄湖大闸蟹	0.628
浙江	舟山大黄鱼	0.216	江西	彭泽鲫	0.023
浙江	温州大黄鱼	0.350	内蒙古	呼伦湖鲤鱼	0.077
辽宁	大连红鳍东方鲀	0.018	宁夏	沙湖大鱼头	0.019
辽宁	东港杂色蛤	0.136	山西	吴王渡黄河鳖	0.033
安徽	合肥龙虾	0.101	陕西	汉中大鲵	0.104
贵州	锦屏腌鱼	0.079	四川	雅鱼	0.100
海南	和乐蟹	0.094	西藏	亚东鲑鱼	0.015
河北	唐山河鲀	0.019	新疆	天蕴三文鱼	0.106
河南	郑州黄河鲤鱼	0.088	云南	抚仙湖抗浪鱼	0.076
黑龙江	抚远大马哈鱼	0.148	重庆	石柱莼菜	0.142
湖北	潜江龙虾	0.593	吉林	查干湖胖头鱼	0.254
湖南	汉寿甲鱼	0.145		—	

注：保留小数点后 3 位小数。

二、水产品区域品牌发展综合指数数据结构

水产品区域品牌发展综合指数两极分化严重，尾部效应突出。与正态分布的概率密度曲线相比，水产品区域品牌发展综合指数的概率密度曲线呈现出两大显著特征：一是"两边高、中间低"，表明各区域品牌综合指数差异明显，两极分化严重；二是"左高右低"，表明区域品牌综合指数存在"厚尾"现象，尾部效应突出（见图 2.1）。

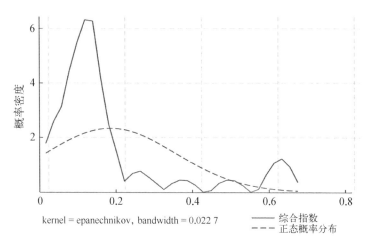

图 2.1　中国水产品区域品牌发展综合指数概率密度状况图

三、水产品区域品牌发展综合指数地理分布状况

从水产品区域品牌发展综合指数的空间分布来看,整体呈现出东高西低的态势(见图 2.2)。水产品区域品牌发展综合指数在 0.5 以上的省份主要集中在东部和中部。东部省份水产品区域品牌发展综合指数均值为0.22,比中部省份的均值 0.16 高出 0.06,约是西部省份的 2.64 倍。

四、水产品区域品牌发展综合指数水域分布状况

水产品区域品牌发展综合指数分布显著受到所在水域和水系水资源状况的影响(见表 2.3)。具体而言,沿海省份区域品牌发展综合指数均值为0.20,长江流经省份区域品牌发展综合指数均值为 0.22,而黄河流经省份区域品牌发展综合指数均值仅为 0.10[1]。相比黄河,长江的水资源非常丰富。据统计,2023 年长江流域水资源总量高达 8 803.2 亿立方米,约占全国河流径流总量的 35.74%,是黄河的 13.12 倍[2]。由此可见,丰富的水资源对于水产品区域品牌的综合发展具有一定的正向影响。

---

[1] 表格仅汇报样本省级行政区中评分最高的水产品,此处计算为省份所有样本水产品。

[2] 2023 年中国水资源公报[EB/OL].(2024 - 06 - 14)[2025 - 02 - 26].http://www.mwr.gov.cn/sj/tjgb/szygb/202406/t20240614_1713318.html.

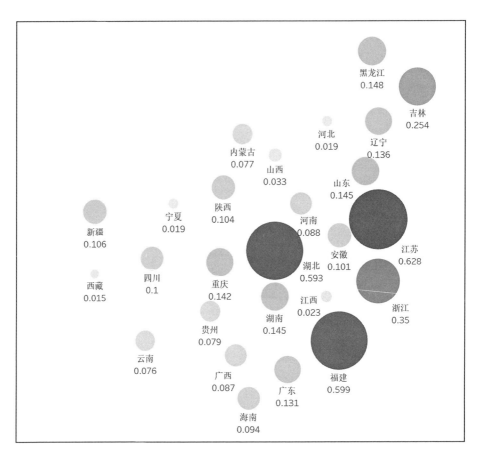

图 2.2　中国水产品区域品牌发展综合指数地理分布图

表 2.3　水产品区域品牌发展综合指数依水域分布状况

地　区	评　分	是否沿海地区	是否长江流域	是否黄河流域
河北	0.019	是	否	否
山西	0.033	否	否	是
内蒙古	0.077	否	否	是
黑龙江	0.148	否	否	否
吉林	0.254	否	否	否
辽宁	0.136	是	否	否

续　表

地　区	评　分	是否沿海地区	是否长江流域	是否黄河流域
陕西	0.104	否	否	是
宁夏	0.019	否	否	是
新疆	0.106	否	否	否
河南	0.088	否	否	是
湖北	0.593	否	是	否
湖南	0.145	否	是	否
山东	0.145	是	否	是
江苏	0.628	是	是	否
安徽	0.101	否	是	否
浙江	0.350	是	否	否
江西	0.023	否	是	否
福建	0.599	是	否	否
重庆	0.142	否	是	否
贵州	0.079	否	是	否
四川	0.100	否	是	是
云南	0.076	否	是	否
西藏	0.015	否	是	否
广东	0.131	是	否	否
海南	0.094	是	否	否
广西	0.087	是	否	否

注：① 仅选取样本省份。

　　② 选取评分最高的水产品品牌。

第三节　中国水产品区域品牌发展分项指数评价

为了更加全面系统地揭示中国水产品区域品牌的发展现状,本节将在前文对 33 个水产品区域品牌综合指数测算与分析的基础上,从数理、地理等角度进一步探讨各水产品区域品牌在品牌实力、品牌活跃度、线上销售和消费反馈 4 个子维度的指数评分情况,从而为后文品牌建设难点与发展建议的分析奠定坚实的实证基础。

一、中国水产品区域品牌的品牌实力指数分析

品牌实力能够充分体现区域品牌的市场竞争力和影响力。本部分将聚焦于品牌实力这一核心要素,深入剖析不同水产品区域品牌之间以及不同地区(包括省、自治区、直辖市)之间的品牌实力差异。

(一)品牌实力指数概况

笔者测算了 33 个水产品区域品牌的品牌实力指数(见表 2.4),发现:① 品牌实力指数均值为 0.147,标准误为 0.257,中位数为 0.031(指数仅供参考)。② 品牌实力指数最高的是盱眙龙虾,为 0.875,约为均值的 5.95 倍。③ 品牌实力指数高于均值的有 7 个区域品牌,前三名分别为盱眙龙虾(0.875)、宁德大黄鱼(0.847)和阳澄湖大闸蟹(0.632)。④ 新疆天蕴三文鱼的品牌实力指数最低(0.000),但其在讨论热度、市场反馈方面均表现尚可。

表 2.4　不同地区水产品品牌实力指数表

省　份	种　　类	品牌实力指数	省　份	种　　类	品牌实力指数
福建	宁德大黄鱼	0.847	广西	桂平黄沙鳖	0.033
福建	定海湾丁香鱼	0.031	山东	蓬莱海参	0.026
广东	白蕉海鲈	0.036	山东	威海海参	0.367
广东	南沙青蟹	0.003	浙江	舟山大黄鱼	0.049
广西	柳州螺蛳	0.008	浙江	温州大黄鱼	0.008

省　份	种　类	品牌实力指数	省　份	种　类	品牌实力指数
辽宁	大连红鳍东方鲀	0.033	江西	彭泽鲫	0.033
辽宁	东港杂色蛤	0.031	内蒙古	呼伦湖鲤鱼	0.023
安徽	合肥龙虾	0.013	宁夏	沙湖大鱼头	0.033
贵州	锦屏腌鱼	0.015	山西	吴王渡黄河鳖	0.026
海南	和乐蟹	0.041	陕西	汉中大鲵	0.023
河北	唐山河鲀	0.010	四川	雅鱼	0.369
河南	郑州黄河鲤鱼	0.028	西藏	亚东鲑鱼	0.023
黑龙江	抚远大马哈鱼	0.031	新疆	天蕴三文鱼	0.000
湖北	潜江龙虾	0.532	云南	抚仙湖抗浪鱼	0.018
湖南	汉寿甲鱼	0.031	重庆	石柱莼菜	0.020
江苏	盱眙龙虾	0.875	吉林	查干湖胖头鱼	0.620
江苏	阳澄湖大闸蟹	0.632			—

注：保留小数点后 3 位小数。

（二）品牌实力指数数据结构

从品牌实力指数的数据结构来看，品牌实力指数在一定程度上存在两极分化的现象。对比正态分布曲线，品牌实力指数的"尾部"突出，且右侧显著低于左侧（见图 2.3）。品牌实力指数在 0.1～0.4 区间的区域品牌相对缺乏，表明各水产品区域品牌的品牌实力存在较大差距。

（三）品牌实力指数地理分布状况

从品牌实力指数的地理分布情况来看（见图 2.4），品牌实力指数可能存在"虹吸效应"。品牌实力指数评分在 0.5 以上的有吉林、江苏、湖北和福建四省，而四省周边省份的品牌实力指数评分略低。可能是品牌实力指数相对较高的省份对周边省份有显著的虹吸效应。

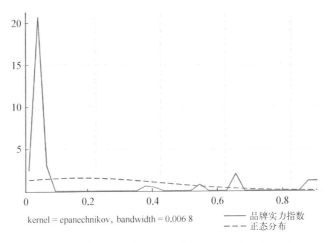

kernel = epanechnikov, bandwidth = 0.006 8

—— 品牌实力指数
---- 正态分布

图 2.3　中国水产品品牌实力指数概率密度状况图

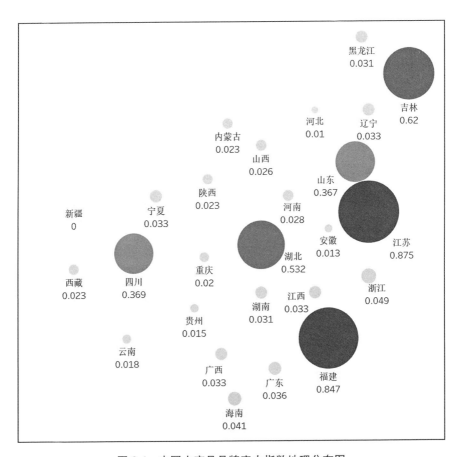

图 2.4　中国水产品品牌实力指数地理分布图

二、中国水产品区域品牌的品牌活跃度指数分析

品牌活跃度在消费者和品牌之间充当纽带作用。本部分将聚焦于品牌活跃度这一核心要素,深入剖析不同水产品区域品牌之间以及不同地区(包括省、自治区及直辖市)之间的品牌活跃度差异。

（一）品牌活跃度指数概况

笔者测算了 33 个水产品区域品牌的品牌活跃度指数(见表 2.5),发现:① 品牌活跃度指数均值在 0.085,标准误为 0.159,中位数为 0.050(指数仅供参考)。② 品牌活跃度指数最高的是阳澄湖大闸蟹,为 0.929,约为均值的 10.929 倍。③ 品牌活跃度指数超过均值的有 9 个区域品牌,排名前三的分别为阳澄湖大闸蟹(0.929)、石柱莼菜(0.159)和潜江龙虾(0.157)。

表 2.5　不同地区水产品品牌活跃度指数表

省　份	种　　类	品牌活跃度指数	省　份	种　　类	品牌活跃度指数
福建	宁德大黄鱼	0.084	安徽	合肥龙虾	0.123
福建	定海湾丁香鱼	0.001	贵州	锦屏腌鱼	0.015
广东	白蕉海鲈	0.047	海南	和乐蟹	0.025
广东	南沙青蟹	0.084	河北	唐山河鲀	0.059
广西	柳州螺蛳	0.004	河南	郑州黄河鲤鱼	0.043
广西	桂平黄沙鳖	0.004	黑龙江	抚远大马哈鱼	0.074
山东	蓬莱海参	0.029	湖北	潜江龙虾	0.157
山东	威海海参	0.049	湖南	汉寿甲鱼	0.102
浙江	舟山大黄鱼	0.066	江苏	盱眙龙虾	0.139
浙江	温州大黄鱼	0.124	江苏	阳澄湖大闸蟹	0.929
辽宁	大连红鳍东方鲀	0.004	江西	彭泽鲫	0.026
辽宁	东港杂色蛤	0.014	内蒙古	呼伦湖鲤鱼	0.000

续　表

省　份	种　类	品牌活跃度指数	省　份	种　类	品牌活跃度指数
宁夏	沙湖大鱼头	0.008	新疆	天蕴三文鱼	0.105
山西	吴王渡黄河鳖	0.087	云南	抚仙湖抗浪鱼	0.032
陕西	汉中大鲵	0.050	重庆	石柱莼菜	0.159
四川	雅鱼	0.067	吉林	查干湖胖头鱼	0.076
西藏	亚东鲑鱼	0.013		—	

注：保留小数点后 3 位小数。

（二）品牌活跃度指数结构

从品牌活跃度指数的数据结构来看，排除阳澄湖大闸蟹显著的头部效应，其余 32 个样本的品牌活跃度指数结构基本与正态分布曲线吻合，在 0.1 周围浮动（见图 2.5）。阳澄湖大闸蟹品牌活跃度远超过其他水产品区域品牌，比第二名约高出 0.77，头部带领效应显著，有较高的品牌活跃度。

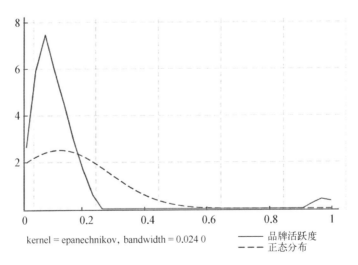

kernel = epanechnikov, bandwidth = 0.024 0
—— 品牌活跃度
---- 正态分布

图 2.5　中国水产品品牌活跃度指数概率密度状况图

（三）品牌活跃度指数地理分布状况

从品牌活跃度指数的地理分布情况来看，品牌活跃度指数较高的省份主要集中在东部沿海与长江一带(见图 2.6)。笔者认为,水产品区域品牌的品牌活跃度可能与当地居民长期的水产品饮食文化有关。如品牌活跃度最高的"阳澄湖大闸蟹",该区域品牌主要活跃在长期受"渔文化"影响的长江中下游区域。此外,新疆天蕴三文鱼在品牌活跃度指数上也表现较佳,可能与新疆部分水产品区域品牌近年在各地开展的产品推广活动有关。

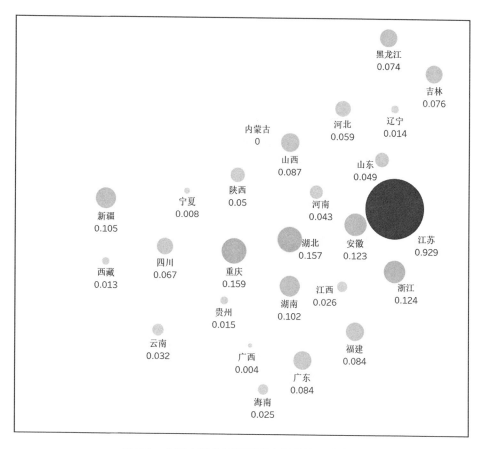

图 2.6　中国水产品品牌活跃度指数地理分布图

三、中国水产品区域品牌的线上销售指数分析

线上销售是区域品牌市场价值转化的重要渠道。本部分将聚焦于区域品牌线上销售情况这一核心要素,深入剖析不同水产品区域品牌之间以及

不同地区(包括省、自治区、直辖市)之间的线上销售水平差异。

（一）线上销售指数概况

笔者测算了 33 个水产品区域品牌的线上销售指数(见表 2.6)，发现：
① 线上销售指数均值为 0.160，标准误为 0.247，中位数为 0.046(指数仅供参考)。② 线上销售指数最高的是潜江龙虾，为 0.941，约是均值的 5.881 倍。③ 高于线上销售指数均值的有 10 个品牌，前三名分别为潜江龙虾(0.941)、阳澄湖大闸蟹(0.793)和宁德大黄鱼(0.741)。需要注意的是，线上销售指数的数据源自网络爬虫，可能存在数据失真等现象。

表 2.6　不同地区水产品区域品牌线上销售指数表

省　份	种　　类	线上销售指数	省　份	种　　类	线上销售指数
福建	宁德大黄鱼	0.741	贵州	锦屏腌鱼	0.025
福建	定海湾丁香鱼	0.008	海南	和乐蟹	0.016
广东	白蕉海鲈	0.046	河北	唐山河鲀	0.000
广东	南沙青蟹	0.117	河南	郑州黄河鲤鱼	0.006
广西	柳州螺蛳	0.069	黑龙江	抚远大马哈鱼	0.219
广西	桂平黄沙鳖	0.024	湖北	潜江龙虾	0.941
山东	蓬莱海参	0.013	湖南	汉寿甲鱼	0.182
山东	威海海参	0.213	江苏	盱眙龙虾	0.442
浙江	舟山大黄鱼	0.470	江苏	阳澄湖大闸蟹	0.793
浙江	温州大黄鱼	0.285	江西	彭泽鲫	0.003
辽宁	大连红鳍东方鲀	0.002	内蒙古	呼伦湖鲤鱼	0.007
辽宁	东港杂色蛤	0.223	宁夏	沙湖大鱼头	0.000
安徽	合肥龙虾	0.015	山西	吴王渡黄河鳖	0.000

续　表

省　份	种　　类	线上销售指数	省　份	种　　类	线上销售指数
陕西	汉中大鲵	0.076	云南	抚仙湖抗浪鱼	0.006
四川	雅鱼	0.009	重庆	石柱莼菜	0.131
西藏	亚东鲑鱼	0.002	吉林	查干湖胖头鱼	0.122
新疆	天蕴三文鱼	0.082		—	

注：保留小数点后 3 位小数。

（二）线上销售指数结构

从线上销售指数的数据结构来看，不同区域品牌的线上销售指数分布整体呈现"中低边高"的态势（见图 2.7）。线上销售指数密度曲线中轴线相对正态分布曲线偏左，且高于正态分布曲线。同时，线上销售指数密度曲线的"尾部"也略高于正态分布曲线，而线上销售指数在 0.2～0.7 区间的分布情况则略低于正态分布曲线。

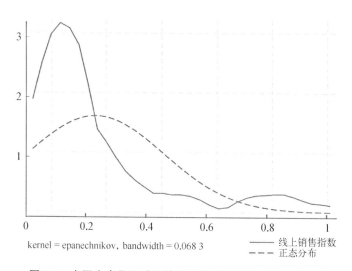

kernel = epanechnikov, bandwidth = 0.068 3
—— 线上销售指数
---- 正态分布

图 2.7　中国水产品区域品牌线上销售指数概率密度状况图

（三）线上销售指数地理分布状况

从线上销售指数的地理分布情况来看，线上销售指数可能受到了地方经济发展水平和产品独特性的影响(见图 2.8)。沿海等经济较为发达、物流基础设施建设较为完善的地区,其区域品牌在线上销售方面往往表现更为出色。此外,部分特殊性较强的甲壳类产品,如阳澄湖大闸蟹和潜江龙虾,它们的线上销售指数表现也相对优异。

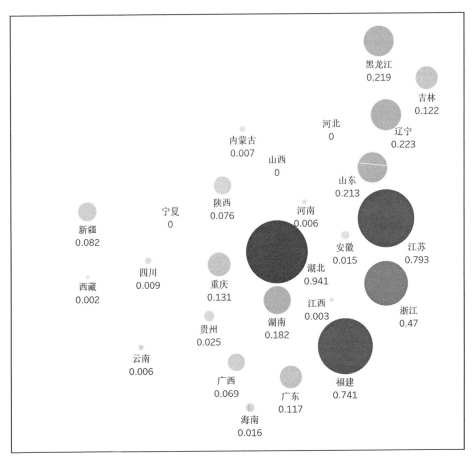

图 2.8　中国水产品区域品牌线上销售指数地理分布图

四、中国水产品区域品牌的消费反馈指数分析

消费反馈是区域品牌附加值的基础,也是学者评价品牌竞争力的关键参考指标。本部分将聚焦于区域品牌消费反馈情况这一核心要素,深入剖析不同水产品区域品牌之间以及不同地区(包括省、自治区、直辖市)之间的

消费反馈差异。

（一）消费反馈指数概况

笔者测算了 33 个水产品区域品牌的消费反馈指数（见表 2.7），发现：① 消费反馈指数均值为 0.241，标准误为 0.181，中位数为 0.250（指数仅供参考）。② 消费反馈指数最高的是温州大黄鱼，其指数值为 0.997，约是均值的 4.137 倍。③ 消费反馈指数超过均值的有 24 个品牌，排名前三的分别为温州大黄鱼（0.997）、宁德大黄鱼（0.570）和白蕉海鲈（0.366）。需要注意的是，消费反馈指数的数据源自网络爬虫，可能存在数据失真等现象。

表 2.7　不同地区水产品区域品牌消费反馈指数表

省　份	种　　　类	消费反馈指数	省　份	种　　　类	消费反馈指数
福建	宁德大黄鱼	0.570	贵州	锦屏腌鱼	0.248
福建	定海湾丁香鱼	0.236	海南	和乐蟹	0.256
广东	白蕉海鲈	0.366	河北	唐山河鲀	0.000
广东	南沙青蟹	0.253	河南	郑州黄河鲤鱼	0.251
广西	柳州螺蛳	0.210	黑龙江	抚远大马哈鱼	0.249
广西	桂平黄沙鳖	0.256	湖北	潜江龙虾	0.249
山东	蓬莱海参	0.256	湖南	汉寿甲鱼	0.249
山东	威海海参	0.263	江苏	盱眙龙虾	0.242
浙江	舟山大黄鱼	0.254	江苏	阳澄湖大闸蟹	0.293
浙江	温州大黄鱼	0.997	江西	彭泽鲫	0.000
辽宁	大连红鳍东方鲀	0.000	内蒙古	呼伦湖鲤鱼	0.256
辽宁	东港杂色蛤	0.255	宁夏	沙湖大鱼头	0.000
安徽	合肥龙虾	0.249	山西	吴王渡黄河鳖	0.000

续　表

省　份	种　　类	消费反馈指数	省　份	种　　类	消费反馈指数
陕西	汉中大鲵	0.250	云南	抚仙湖抗浪鱼	0.233
四川	雅鱼	0.256	重庆	石柱莼菜	0.256
西藏	亚东鲑鱼	0.000	吉林	查干湖胖头鱼	0.252
新疆	天蕴三文鱼	0.249		—	

注：保留小数点后 3 位小数。

(二)消费反馈指数结构

从消费反馈指数的数据结构来看,消费反馈指数的概率密度曲线集中在"腰部"区域,与正态分布曲线存在一定差异(见图 2.9)。这一现象表明品牌间的消费反馈指数差异相对较小,同时也暗示了区域品牌在消费反馈方面具有较大的发展潜力和突破空间。造成该现象原因可能是水产品线上销售对物流运输的要求愈发严格,这既限制了水产品线上销售的规模,也影响了销售的稳定性。

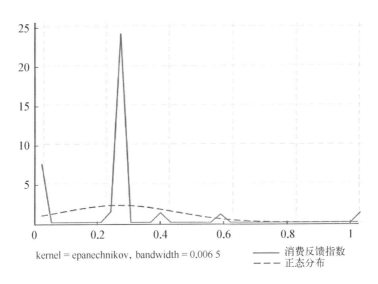

kernel = epanechnikov, bandwidth = 0.006 5　　　　——消费反馈指数　　- - - 正态分布

图 2.9　中国水产品区域品牌消费反馈指数概率密度状况图

（三）消费反馈指数地理分布状况

从消费反馈指数的地理分布情况来看（见图 2.10），我国不同区域品牌水产品线上消费反馈指数总体相近，但普遍较低，显示出较大的发展潜力和提升空间。这一现象可能归因于水产品的高度易腐性以及产品质量的不稳定性等因素。值得注意的是，浙江和福建地区的区域品牌经营主体在线上售后服务方面的表现相对突出。

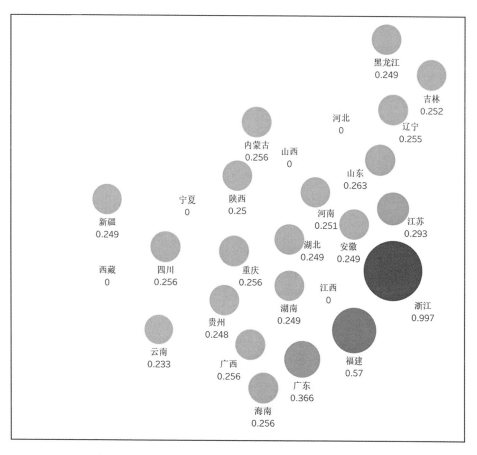

图 2.10　中国水产品区域品牌消费反馈指数地理分布图

第三章

中国水产品区域品牌建设难点、
原因与发展建议

本研究在整合现有学术成果的基础上，构建了包含多维度的水产品区域品牌综合指数评价体系，并通过主客观权重赋值法对国内 33 个水产品区域品牌的发展水平进行了量化评估。基于上述研究成果，本章重点探讨当前我国水产品区域品牌建设面临的主要问题，有针对性地提出包含政策优化、产业协同、科技赋能等要素的系统性解决方案，以期为政府管理部门制定品牌与产业发展规划和企业经营决策提供理论依据与实践参考。

第一节　水产品区域品牌建设难点及原因

本研究通过构建四维指标体系，系统测算了全国 33 个水产品区域品牌发展指数，为辨析水产品区域品牌建设难点奠定了实证基础。基于该指标体系，本节聚焦于品牌实力、品牌活跃度、线上销售及消费反馈 4 个核心维度，明确了我国水产品区域品牌建设难点，并系统解析问题产生的内在原因。

一、品牌实力提升难点及原因

通过水产品区域品牌的品牌实力分项指数测算结果可以看到，我国水产品区域品牌实力整体有较大的提升与发展空间，省际水产品区域品牌实力差距有待缩小，水产品区域品牌后继发展能力仍需进一步增强。究其原因：一是水产品区域品牌建设的系统化规划仍需进一步完善；二是地方支持水产品区域品牌建设力度还需加大；三是各地水产品区域品牌的管理办法需要细化，管理重心可从初级水产品进一步扩展至水产加工品。

（一）水产品区域品牌建设系统化程度不足制约产业发展质量

我国是全球最大的渔业生产国。2023 年，我国水产品总产量已达到 7 116 万吨[①]。水产品是重要的农产品，为我国居民提供了 30％的优质动物蛋白[②]。然而，部分省份水产品区域品牌建设仍存在品牌发展战略规划系统性不足与相关制度供给有限的双重困境，制约了区域品牌水产品产业规模效应的释放，并引发短期政策驱动与长期市场培育失衡、传统生产惯性与现代品牌治理冲突等发展矛盾。

根据《中欧地理标志协定》实施细则及《农业品牌精品培育计划（2022—2025）》的要求，水产品区域品牌纳入地理标志保护或品牌培育体系需满足严格的准入标准。这要求地方政府建立"品种—品质—品牌—标准"四位一体的管理体系，其中全链条追溯机制是核心要件。当前监管体系存在部门职能分散问题：农业农村部负责生产环节监管，国家市场监督管理总局（由原食药监总局、质检总局等整合组建）负责流通环节监管，这种分段监管模式也会导致水产品区域品牌监管效能受限[③]。

行业协会与龙头企业作为区域品牌水产品产业的引领者，在标准制定、技术推广等方面发挥关键作用。但部分省份的相关企业存在认知偏差，过度关注质量认证、追溯体系建设、品牌宣传等带来的短期成本增加，而忽视了区域品牌相关建设带来的长期价值（包括产品溢价能力提升、质量安全风险降低、品牌公信力增强等），未积极参与水产品区域品牌建设活动，从而影响水产品区域品牌建设成效与建设质量。

（二）部分地方政府支持力度不足影响水产品区域品牌建设成效

根据农业农村部《关于 2023 年农业品牌精品培育工作的通知》和商务

---

① 农业农村部渔业渔政管理局，全国水产技术推广总站，中国水产学会.2024 中国渔业统计年鉴[M].北京：中国农业出版社，2024.

② 农业农村部渔业渔政管理局.深远海养殖大有可为[EB/OL].（2023 - 06 - 19）[2025 - 02 - 07]. http://www.yyj.moa.gov.cn/zhxx/202306/t20230619_6430456.htm.

③ 农业农村部的监测数据显示，2020—2022 年水产品总体合格率分别为 97.4％、97.8％、98.1％，虽呈上升趋势，但仍低于蔬菜（99.2％）、水果（98.9％）等品类的合格率。

部《关于推荐中欧农产品地理标志互认产品的通知》的要求,区域品牌申报主体需满足"双龙头"标准,即具备大型基地型龙头企业和加工型龙头企业资质,且产业发展基础扎实、前景良好。然而,实地调研结果显示,部分地方政府在区域品牌建设中存在支持力度不足的问题,主要体现在政策供给和要素投入两个维度。

在政策供给方面,主要存在以下不足:其一,部分地方政府尚未制定区域品牌建设专项实施方案;其二,建立了完整的区域品牌培育政策体系的地方政府数量有限;其三,部门协同不力,农业、商务、市场监管等部门联动机制不健全。

在要素投入方面,制约因素更为突出:首先,地方财政支持力度不足,水产品区域品牌建设专项资金投入有限;其次,人力资本匮乏,产业从业人员老龄化程度较高;最后,技术支撑不足,品牌数字化建设投入还有较大提升空间。

(三)区域品牌的管理制度供给不足制约水产品区域品牌发展

水产品区域品牌建设呈现显著的资源依赖特征,其发展水平不仅取决于区域资源禀赋,更受制于制度供给的有效性。

从自然资源分布来看,我国水资源空间配置呈现"东多西少、南多北少"的格局,这种资源禀赋差异直接导致华北、西北等地区在水产品育种、养殖等环节面临基础性制约,水产品区域品牌建设存在先天不足。

在制度层面,虽然《地理标志产品保护规定》(2005)和《农产品地理标志管理办法》(2007)确立了"产地特定性＋品质独特性"的双重认定标准,但制度设计未能充分满足区域品牌水产品产业发展需求:其一,认定范围局限于初级农产品,忽视了具有地域特色的水产品加工制成品;其二,管理办法更新周期过长,未能及时响应消费升级趋势;其三,保护力度不足,侵权成本低而维权成本高的问题突出。上述因素成为水产品区域品牌高质量发展的系统性障碍。

二、品牌活跃度建设难点及原因

在数字经济背景下,各地水产品区域品牌线上活跃度亟待持续提高。

究其原因：一是水产品区域品牌宣传的时令性较为明显，宣传手段也较为单一；二是经营主体的专业素养不足，其对水产品区域品牌的宣传与形象提升作用有限；三是水产品区域品牌活跃范围局限于产地附近，不利于消费者认知度的提升与认知面的扩大。

（一）政府宣传力度不足影响区域品牌推广效果

当前地方政府及媒体在水产品区域品牌宣传力度方面存在明显不足，制约了品牌效应的形成。

一方面，政府的宣传存在明显的时令性特征，主要集中在"开渔"等特定时期，此时官方渠道进行集中推广，缺乏持续性的宣传规划。以吴王渡黄河鳖为例，这一具有区域特色的水产品品牌就未能获得权威媒体的持续关注和有效宣传。

另一方面，宣传方式单一化问题突出。地方政府及媒体主要依赖文字类新闻稿形式，通过地方卫视和地方媒体进行宣传，这种单一化的宣传模式已难以适应当前的媒体环境。随着社交媒体的快速发展，短视频等新兴传播形式更受消费者青睐，而传统的地方卫视和地方媒体宣传方式的传播效果有限，难以形成广泛的社会关注度。

（二）经营主体专业素养不足制约水产品区域品牌宣传与形象提升

当前渔业经营主体在参与水产品区域品牌宣传与形象提升方面面临多重挑战。

一是经营主体的宣传能力亟待提升。由于专业素养不足和技术操作存在障碍，经营主体制作的短视频往往内容简单、形式单一、同质化严重，难以吸引消费者关注并使其产生共鸣。更为严重的是，部分分散经营的从业者过于追求短期利益，忽视区域品牌长期价值的维护，这种短视行为可能导致"公地悲剧"的发生，从而损害水产品区域品牌的整体形象。

二是渔业从业者老龄化问题日益突出。《2024 中国渔业统计年鉴》的数据显示，2023 年全国渔民平均年收入为 2.58 万元，虽略高于种植业，但与城镇居民收入相比仍存在较大差距。这种收入差距导致大量年轻劳动力流向城镇地区，加剧了渔业从业者老龄化的趋势。随着数字化时代的到来，老年从业者在理解和运用数字产品方面存在明显困难，既难以有效获取数字信息，也无法积极参与数字信息建设，从而面临数字鸿沟的挑战。

（三）水产品区域品牌辐射范围受限制约消费者品牌认知度提升

当前水产品区域品牌发展面临市场拓展困境。一方面，受产品特性和供应链水平限制，区域品牌的市场辐射范围有限。由于水产品具有易腐性特征，对物流和保鲜技术要求较高，只有少数产业链成熟的区域品牌具备全国范围的配送能力。受限于产业链和物流供应链体系，大多数水产品区域品牌的产品销售范围主要局限于本省（自治区、直辖市），难以实现跨区域流通。

另一方面，消费者认知存在明显地域差异。受各地自然环境和文化差异的影响，消费者对区域品牌水产品的认知度普遍较低，难以准确辨识不同区域品牌水产品的特色与差异。这种认知局限进一步制约了区域品牌水产品的市场拓展和影响力提升。这些问题凸显了水产品区域品牌在扩大市场辐射范围、提升品牌活跃度和消费者认知度方面面临的挑战。

三、线上销售存在的问题及原因

线上销售方面，沿海经济发达地区区域品牌水产品销售表现更为优异，同时阳澄湖大闸蟹、潜江龙虾等方便运输的水产品线上销售表现更好，但其他内陆地区区域品牌水产品、生鲜鱼类区域品牌水产品的线上销售与前两者相比有一定差距。究其原因：一是地区饮食习惯差异不利于区域品牌水产品的市场开拓；二是区域品牌水产品辨识难度大，不利于消费者认知及选择，间接抑制了消费者的购买意愿；三是区域品牌水产品跨省销售需要更高的包装、运输和时间成本，导致产品定价的提高，但货品新鲜度下降，进而影响消费者的购买行为。

（一）饮食习惯差异影响区域品牌水产品线上市场拓展

水产品作为我国居民膳食体系的重要组成部分，在供给优质蛋白质方面发挥着关键作用。然而，与发达国家相比，我国人均水产品消费量仍存在显著差距。国家统计局的数据显示，2022 年我国居民人均水产品消费量为13.9 千克，仅相当于人均肉类消费量的 28.90%。相比之下，联合国粮农组织的数据显示，日本、挪威等发达国家的人均水产品消费量约为 50 千克，较我国高出约 36 千克。这种显著的饮食习惯差异反映出我国居民对水产品的消费意愿相对不足。这在一定程度上制约了我国水产品消费市场的拓展，进而影响区域品牌水产品的线上市场开拓。

（二）区域品牌水产品辨识难度大不利于消费者认知及选择

区域品牌水产品可通过品牌溢价实现相比同类水产品的价值增值，但消费者在辨识区域品牌时存在一定难度。产品辨识难度高直接影响消费者对区域品牌水产品的购买意愿。区域品牌水产品市场长期存在管理不到位，部分市场秩序较为混乱，进一步加剧了消费者的辨识难度。

首先，区域品牌水产品多依托地方独特的地理自然环境形成，其品种与居民常食用的四大家鱼存在显著差异，消费者在认知上存在障碍，从而抑制了其购买意愿。其次，区域品牌水产品市场中存在大量同质产品，消费者需要具备一定的专业知识和辨识能力才能有效区分。若市场管理不够规范，假冒伪劣产品充斥市场，将进一步削弱消费者的购买信心和意愿。

（三）区域品牌水产品跨省流通成本较高抑制消费者购买意愿

水产品因易腐性，相较于其他农产品，对物流运输和保鲜技术有更高的要求，这增加了水产品的流通成本。首先，区域品牌水产品在线上销售时往往需要跨地区配送，这增加了消费者获取产品的时间成本。其次，尽管许多商家承诺免运费，但实际上物流费用已被计入商品价格中，导致消费者最终支付的价格较高。最后，跨区域销售的区域品牌水产品通常需要采用更高级的保鲜技术，而这些技术的应用进一步推高了线上销售的成本。

这些高昂的交易成本显著抑制了消费者对区域品牌水产品的购买意愿。与本地消费者相比，跨区域消费者在购买这些产品时需承担额外的成本，这种价格差异进一步削弱了其购买意愿。此外，如果线上购买的跨区域品牌水产品质量无法得到保证，消费者的购买意愿将受到进一步打击。

四、消费反馈方面存在的问题及原因

消费反馈方面，区域品牌水产品线上消费评价存在一定的优化空间与突破潜力。线上购买存在的主要问题如下：一方面是销售量较为有限；另一方面是线上购买体验感不佳。究其原因：一是产业链延伸、水产加工品开发不足,未能充分满足中青年群体的消费需求;二是跨区域、远距离运输导致产品品质稳定性下降,影响消费者的满意度;三是区域品牌水产品相关经营主体售后服务能力有限,影响消费者的购买体验。

（一）产业链延伸与水产加工品开发不足,制约中青年群体消费市场的开拓

区域品牌水产品相关企业的加工能力有限,产业链延伸不足,难以提供多样化的区域品牌水产品制品。根据前期线上调研的结果,消费者最喜爱的水产品展现形式依次为未加工、即食和半加工,分别占总样本的47.92％、29.66％和22.42％。这表明消费者对水产品的需求呈现多元化趋势,需要更加完善的加工产业链来满足其需求。然而,由于企业经营能力受限,大量水产品企业缺乏加工能力或深度加工能力,难以满足消费市场的多样化需求。

单一化的区域品牌水产品难以满足年轻消费者的需求,也无法获得相应的消费反馈。根据本研究前期线上调研的结果,年轻消费者为降低烹饪的时间成本,更倾向于选择半加工水产品和即食水产品。同时,年轻群体作为线上购物的主力军,对产品的多样性和便利性有更高的要求。单一化的区域品牌水产品既无法满足年轻消费者的需求,也难以获得更多的消费反馈,从而限制了市场的进一步拓展。

（二）跨区域、远距离运输导致产品品质不佳,影响消费者体验

线上销售模式加剧了区域品牌水产品质量不稳定的问题。根据前文的分析,区域品牌水产品对保鲜技术要求较高,而线上销售多为跨区域销售,运输时间通常需要1～2天。长时间的运输容易导致水产品在途中变质,从而影响其口感和品质。此外,为应对长途运输,商家往往对水产品进行一定程度的处理和加工,这也会导致其鲜度下降。

品质供应的不稳定性直接影响了消费者的体验。首先,跨区域线上销售的区域品牌水产品在运输过程中容易出现质感下降,影响消费者的体验。其次,长时间运输增加了水产品变质的风险,进一步削弱了消费者对区域品牌的信任和认可度。这些问题最终导致消费者的购买意愿下降,好评率也随之降低。

（三）相关经营主体售后服务能力有限，影响消费者购买体验

区域品牌水产品经营主体的售后服务能力不足，显著影响了消费者的购买体验。根据收集的数据进行归纳分析发现，售后服务不足的主要原因包括以下几点：一是退换货流程复杂且成本高。在区域品牌水产品的退换货过程中，商家通常要求消费者承担二次运费，增加了消费者的经济负担。同时，由于消费者自身不了解水产品保鲜相关知识，在退换货过程中易因包装不规范致使水产品变质，进一步加剧了退换货的难度和风险。二是商家综合素质参差不齐。根据前文的分析，水产品区域品牌经营主体的整体年龄偏大，专业素质有限，在与消费者沟通时可能出现用语不当或服务态度不佳的情况，这进一步影响了消费者的体验感。

第二节　水产品区域品牌建设启示与建议

中国水产品区域品牌建设发展，要坚持政府引导、行业支撑和企业主营，三方协力、共同驱动。要持续推进"三品"战略，坚持品牌扶持、品牌打造和品牌整合，按照"规模养殖、产销衔接、品牌发展、错位竞争"的思路，打造具有各地特色的水产品区域品牌集群，构建中国水产品区域品牌可持续发展的"大生态"。本节将从地方政府、行业协会和经营主体三个方面，为我国水产品区域品牌建设提供启示与建议。

一、地方政府支持政策启示

地方政府在水产品区域品牌建设中发挥着主导作用。政府通过整合资源，推动水产品全产业链的构建，同时制定科学的品牌发展规划，为区域品牌建设提供方向和支持。政府需积极搭建电商平台，为区域品牌水产品提供线上销售渠道，助力品牌推广和市场拓展。通过制定和优化奖项、等级评定等激励机制，引导经营主体提升产品质量和服务水平，促进良性竞争和可持续发展。此外，政府还应加强对区域品牌市场的监管，打击假冒伪劣产品，维护市场秩序，树立品牌信誉，增强消费者信任。

（一）基于区域品牌水产品产业链打造品牌发展规划

在鱼苗育种环节,政府可通过政策支持和资源整合发挥引导作用。鱼苗技术研发需要大量的人才和资金投入,而分散化的水产品经营主体往往难以独立完成。政府可以通过税收优惠等政策激励,鼓励区域品牌水产品的头部经营主体加大对鱼苗研发的投入,推动技术创新和产业升级。同时,政府应加强行业协会、龙头企业与高校、科研院所的合作力度,支持龙头企业培育优质苗种,强化产品质量控制,并提升区域品牌的维护能力。

在水产品生产环节,政府应建立区域品牌水产品生产管理标准。首先,进一步限制乱用抗生素、违规投喂饲料等行为,规范经营主体的生产活动,确保水产品质量安全。其次,联合相关执法部门,对违规使用或冒用区域品牌的经营主体加强行政管制,维护市场秩序。此外,政府还应帮助渔业经营主体建立标准化的生产模式和流程,推动行业规范化发展。

在区域品牌水产品产业链延伸方面,政府可以加大公共物品投资力度,为区域内相关经营主体提供良好的发展环境。区域品牌水产品生产依赖于优质的水质,其销售则离不开高效的物流支持。为此,政府可以从两方面加大投资力度:首先,加强水质保护,对所在区域的水质进行实时监测,及时治理水源污染问题,为区域品牌水产品生产提供优质的生产条件。其次,加大对公路等基础设施的投资力度,推动物流供应链技术的升级,为区域品牌水产品走向全国乃至国际市场提供必要的基础设施保障。

在水产品区域品牌建设规划方面,政府可以发挥以下三方面作用:第一,积极招商引资,吸引能够辅助区域品牌发展的企业入驻,为当地产业注入外部资金和先进技术;第二,通过加大对地方县、村试验基地的资金和人才投入,推动技术研发和创新突破;第三,科学规划产业链,促进区域品牌水产品产业规模化发展和产品多样化发展,从而产生规模经济和范围经济效应。此外,水产品区域品牌的发展离不开人才支持,建议当地政府制定并完善渔业发展及水产品品牌建设相关的人才引进政策,提供更具吸引力的人才优惠措施,为区域品牌建设提供智力支持。

（二）政府主导搭建区域品牌电商平台

为促进线上销售渠道的发展,建议政府部门主导、行业协会牵头、区域品牌水产品经营主体共同参与,搭建一个推动区域品牌水产品销售流通的电商平台,并通过权威媒体资源对平台进行持续性宣传,以扩大其影响力。

首先,平台应增强对水产品区域品牌的宣传推广能力。笔者调研发现,经过政府平台与权威媒体宣传后,经营主体普遍反映其知名度和经营效益有所提升。然而,政府宣传多集中于水产品初上市阶段,而在集中上市期间的宣传力度不足。因此,政府平台应优化宣传策略,根据水产品的上市周期制订相应的宣传计划。除了在水产品上市初期进行集中宣传外,还应在集中上市期间加大宣传力度,并定期举办水产品宣传推介会,以保持宣传的连续性和有效性。

其次,平台需确保运营的可持续性。新冠疫情暴发时,部分地方政府为解决区域品牌水产品滞销问题,主导搭建了线上销售平台,但这些平台的运营持续性普遍较差。为此,平台可引入社会资源,与电商企业和具备条件的经营主体合作,共同运营平台,以提升其可持续性和市场竞争力。

(三)优化奖项与等级评定,引导经营主体良性发展

政府可以通过设立荣誉奖项、税收优惠政策及等级评定机制,引导区域品牌水产品经营主体实现良性发展。具体而言,政府设置针对表现突出的区域品牌水产品经营主体的荣誉奖项和等级评定,能够发挥以下两方面作用:首先,引导经营主体的生产方向和结构调整。经营主体为追求利益最大化,会将政府奖项背书所带来的消费者信任和政府认可纳入经营决策的考虑范围,从而调整生产方向,优化产品结构。其次,提升企业的市场形象和收益。政府授予企业荣誉不仅是对其生产行为的认可,还能提升企业在消费者心中的形象,进而为企业带来更多的市场收益和品牌溢价。

(四)严格管理区域品牌水产品交易市场,树立区域品牌信誉

为规范区域品牌水产品市场发展,须严格管理投资主体资格和市场交易行为,为区域品牌水产品的销售提供法律保障和支持。

首先,建议出台并完善区域品牌水产品流通交易的相关法规,对不公平交易行为进行适当的行政干预。对于交易主体的违约行为,应加大惩罚力度并公开其违约信息,以增加其违约成本;对于不称职的监管人员,也应给予相应的处罚,确保监管执法的有效性和公正性。

其次,在鼓励地产地销的同时,政府应出台政策拓宽区域品牌水产品的助农销售渠道,并搭建水产品市场供销信息服务网络。通过建设官方宣传平台,提升小型经营主体的运销能力、信息获取能力、营销宣传能力以及市场谈判能力,帮助其更好地参与市场竞争。

最后,政府应严格监督和规范市场运行,加强对区域品牌的保护。区域品牌为同质水产品提供了信誉背书,具有一定的品牌溢价空间。因此,政府需严厉打击市场上以次充好、以假乱真的"搭便车"行为,维护区域品牌的市场信誉。

二、行业协会政策启示

行业协会在水产品区域品牌建设中发挥着重要作用,主要体现在以下三个方面:一是由行业协会制定并推行统一的产品质量标准,以有效提升区域品牌水产品的质量,增强其市场竞争力;二是行业协会与政府合作,利用多种渠道和资源开展区域品牌宣传,提高品牌知名度和市场影响力;三是行业协会作为经营主体的代表,参与商业谈判,帮助企业降低经营成本,提高经济效益。

(一)严格制定行业质量标准,提升区域品牌质量

行业协会应推动区域品牌水产品生产和销售的标准化进程。区域品牌水产品的标准化涵盖多个环节,包括育种、饲养等生产环节中对饲料、抗生素、养殖密度等投放量的标准化,以及销售端包装和运输的标准化。目前,区域品牌水产品的品牌效应难以建立,其根源在于生产和销售环节的"非标准化"。

为使区域品牌水产品更好地发挥品牌效应,行业协会需主导制定相关标准。在生产环节,应对饲料、抗生素等生产资料的投放量设定明确标准,并为渔民提供育种与饲养管理的专业培训,同时定期对区域品牌水产品进行抽样检测,确保产品质量。在销售端,行业协会应加快制定包装和运输等环节的标准,推动经营主体、物流部门等市场参与主体实现包装、运输等环节的规范统一,从而提升区域品牌水产品的整体竞争力。

（二）配合政府开展区域品牌宣传，提高区域品牌知名度

区域品牌水产品的市场热度离不开有效的宣传策略，行业协会应积极配合政府开展区域品牌宣传活动。具体而言，行业协会可以从以下两方面发挥作用。

一方面，行业协会应发挥其在政府与经营主体之间的桥梁作用，鼓励当地企业积极参与政府组织的宣传活动，增强行业凝聚力，形成宣传合力。

另一方面，行业协会应发挥其在经营主体与消费者之间的桥梁作用，深入调查消费者对区域品牌水产品的需求偏好，为经营主体的产品质量提供信誉背书，并向政府提供有针对性的宣传建议，以提升宣传效果。

（三）代表经营主体开展商业谈判，降低企业经营成本

行业协会在区域品牌水产品经营主体之间的合作中发挥着重要的"桥梁"作用。经营主体在线上销售中面临的首要问题是物流成本较高，尤其是仓储和运输成本高，这严重制约了区域品牌水产品经营主体的线上销售发展。

首先，在区域品牌水产品仓储方面，由于水产品具有易腐烂、易损耗的特性，且不同品类的水产品对储藏条件的需求各异，需要配备适宜的储藏空间和条件。然而，单独一家经营主体难以承担建设仓储库的高昂成本。因此，行业协会可以推动经营主体根据产地和销地的位置，联合建设共享仓库，以降低仓储成本。

其次，在区域品牌水产品运输方面，降低配送成本能够显著提高经营主体参与线上销售的积极性。为增强经营主体与物流企业的谈判能力，行业协会可以代表经营主体与具有产业基础的国有或民营企业谈判，促成合作并争取最大化的物流折扣。此外，行业协会可以收集优质中小型经营主体的需求和建议，将上市时间相同、物流需求相似的主体集中起来，统一与物流企业谈判，根据发货件数制订相应的物流折扣方案，从而有效降低线上销售的运输成本。

三、经营主体发展政策启示

经营主体是区域品牌建设的核心力量。在参与水产品区域品牌建设

中,经营主体可从以下三个方面着手:一是通过品牌宣传、社会责任活动等方式,塑造良好的企业形象,增强消费者对区域品牌及企业品牌的认知和信任;二是严格执行政府和行业协会制定的质量标准与行业规范,确保产品质量,提升区域品牌的市场竞争力;三是完善售后服务体系,及时回应消费者的诉求,提升消费者满意度,从而维护和巩固区域品牌形象。

（一）打造企业品牌形象

线上销售的高度虚拟性在一定程度上缓解了水产品区域品牌市场信息不对称的问题,同时也对消费者的购买行为和渔业经营主体的销售行为产生了深远影响。在水产品线上市场同质化严重、产品区分度不高的情况下,品牌能够向消费者传递产品质量优良的信号,提升消费者对水产品质量的认知,从而为渔业经营主体吸引更多线上流量,提高其市场效益。

一方面,区域品牌水产品经营主体应增强品牌意识,树立品牌保护观念,积极开展"两品一标"（绿色食品、有机农产品和农产品地理标志）质量认证工作,自觉维护区域品牌声誉。政府部门也应完善"两品一标"质量认证制度,简化认证流程,并加强对区域品牌的管理,防止假冒区域品牌农产品的出现。

另一方面,有能力的区域品牌经营主体在参与区域品牌建设的同时,应注册自有商标并创建企业品牌。通过以区域品牌为"母品牌"、企业品牌为"子品牌"的"母子品牌结构",实现协同发展。这种差异化经营策略有助于吸引更多线上流量,提高区域品牌水产品经营主体的线上销售比例,推动区域品牌水产品线上销售的进一步发展。

（二）提升品牌产品质量

产品质量是水产品区域品牌发展的基石,也是相关经营主体可持续发展的基础。经营者在生产和销售区域品牌水产品时,应以质量为核心,重点从以下三个方面开展工作。

一是加大对新苗种研发的投入。行业龙头企业应加大资金和技术投入力度,开发优质苗种,提高苗种的产量和环境适应能力。中小型经营主体虽受限于资金和技术能力,但也应积极顺应市场趋势,引入优质苗种进行培育,从而提升整个区域水产品种群的质量。

二是规范生产行为,确保产品质量。经营者为追求市场回报,往往会提高养殖密度,但高密度养殖容易滋生传染性疾病并加速疾病传播。因此,经营者需采取以下措施:首先,合理规划养殖密度,依据科学标准和方法控制苗种数量;其次,规范抗生素等药剂的使用,通过观察苗种活跃程度,科学育种,避免过量使用抗生素;最后,合理投放饲料,避免为追求超额利润而过度使用鱼饲料和生长激素。

三是规范销售行为,提供优质区域品牌水产品。首先,经营者应杜绝滥用区域品牌影响力,避免向消费者提供质量不合格的产品,损害行业信用。其次,经营者应发挥市场监督作用,一旦发现不合格的区域品牌水产品在市场上流通,应及时与行业协会和政府主管部门沟通,共同维护区域品牌的公信力。

（三）加强售后服务,维护品牌形象

良好的售后服务是区域品牌维护的重要环节,也是树立经营者形象的关键。经营者应从以下两方面着手,提升售后服务质量。

一是提升自身专业素养。经营者应积极提高自身的文化素养,学习售后服务的相关知识,以便准确理解消费者的需求和问题。在面对消费者的不合理需求时,经营者应耐心引导和解释,帮助消费者了解水产品区域品牌文化,增强消费者对品牌的信任和好感,从而培养消费者的市场忠诚度。

二是积极承担售后责任。当消费者投诉产品质量问题时,经营者应主动承担责任,而非以"区域品牌是大家的事"为由推卸责任,更不应与物流或供货商互相推诿,以免损害消费者的信任。经营者应与消费者积极沟通,了解问题产生的原因,并与物流企业协商解决,尽量减少消费者的损失。通过主动承担售后责任,经营者可以挽回企业在消费者心中的形象,提升消费者的忠诚度。

案　例　篇

第四章

水产品区域品牌建设国际典型案例

当前,我国水产品区域品牌正处于从"量"到"质"转型的关键阶段,品牌建设与管理能力有待提升,产品竞争力与市场认知度不足等问题亟须解决。为此,笔者选取了享誉全球的挪威三文鱼、加拿大象拔蚌与厄瓜多尔对虾作为水产品区域品牌建设的国际典型案例,通过深入剖析上述品牌在品种培育、品质提升、品牌打造等方面的独到经验,以为我国水产品区域品牌发展提供借鉴。

第一节　挪　威　三　文　鱼

挪威作为世界上最大的三文鱼生产国,拥有超 20 000 公里海岸线。寒冷的北极水域与温暖的北大西洋暖流在此交汇,造就了纯净的海水和适宜的水温,为三文鱼提供了得天独厚的生长环境。挪威产出的三文鱼肉质格外柔嫩,口感鲜美异常,赢得了全球消费者的广泛赞誉与喜爱,也多次获得国际美食界的高度评价。目前,挪威三文鱼已出口到全球 100 多个国家和地区,已成为挪威最有名的出口产品之一。

一、挪威三文鱼发展概况

挪威三文鱼的学名是大西洋鲑,俗称三文鱼[①],是一种生长在挪威西海岸纯净海域的高品质三文鱼品种。其头尖短,嘴巴形似鹰喙,从头至尾遍布

---

① 新华通讯社奥斯陆分社.一条三文鱼如何"跳"上中国人的餐桌?［EB/OL］.(2023 - 11 - 08)［2025 - 01 - 20］.https://baijiahao.baidu.com/s?id=17819816957166712668&wfr=spider&for=pc.

斑点,鱼肉纹路清晰完整,带有自然香气和丰富油脂,是备受消费者青睐的优质三文鱼品种,素有"冰洋之王"的美誉。

挪威三文鱼的养殖历史始于 20 世纪 60 年代末期,当地部分海产企业在希特拉岛(Hitra)等沿海区域率先开展三文鱼养殖试验,并于 1970 年首获成功。20 世纪 70 年代后期,技术进步带来了三文鱼产量的迅速增长,挪威国内市场三文鱼供过于求,将三文鱼产业推向泡沫化危机边缘①。

转折出现在 20 世纪 80 年代中期,腾飞的亚洲经济激发了广大中产阶层对高品质海产品的需求。在时任挪威渔业部部长利斯陶(Thor Listau)等人的积极推动下,挪威三文鱼成功打入日本、中国香港等亚洲市场,并迅速获得当地消费者的青睐。这在缓解挪威国内三文鱼滞销压力的同时,也为其在全球市场的扩张奠定了坚实基础②。

1991 年,养殖许可证所有权的自由化则成为挪威三文鱼产业发展的分水岭。商业大资本开始介入三文鱼养殖,使得三文鱼养殖模式从小规模经营迅速转变为以大型养殖场为主,产业集中度与规范化水平越来越高。随着时间的推移,挪威三文鱼养殖技术不断精进,产量稳步提升,产业日益成熟。2023 年,挪威三文鱼养殖产量达到 133.1 万吨③;2003—2023 年,挪威三文鱼产量复合年均增长率达 5%④(见图 4.1)。

三文鱼产业不仅是挪威经济的重要支柱产业,更在全球市场上享有极高的品牌声誉与产品价值。挪威海产局的数据显示,2022 年挪威三文鱼共出口至全球 149 个国家和地区,贡献了该国海产品全年出口总量的 70%,出口额首次突破 1 000 亿挪威克朗⑤。其本土龙头企业如美威集团(MOWI)、莱瑞集团(Lerøy Seafood)、萨尔玛(SalMar)等,凭借产品丰富的营养价值、

---

① 水产前沿.产业观察:中国多宝鱼产业可向挪威三文鱼借鉴什么? [EB/OL].(2016 - 06 - 26)[2025 - 01 - 20].https://mp.weixin.qq.com/s?__biz=MjM5NzcxMzg4MA==&mid=2651374200&idx=1&sn=03ebed7fbc0a03a2aba92433dd5e82db&chksm=bd29a0cf8a5e29d9e091654c8160f18a41485b7d6c7e26a30277f963194bebeb0a66fc13fafa&scene=27.
② 挪威海产局.推广自家海产,挪威人民真的很拼! [EB/OL].(2018 - 04 - 18)[2025 - 01 - 20].https://mp.weixin.qq.com/s/WMwgJM_4lbUIaCd3tioOMg.
③ MOWI ASA. Salmon farming industry handbook[EB/OL].2024[2025 - 03 - 18].https://www.mowi.com/investors/resources/.
④ 产量复合年均增长率:某一产量在特定时间段内以年复一年的几何平均数形式所表现的平均增长率。
⑤ 中华人民共和国驻挪威王国大使馆经济商务处[EB/OL].(2023 - 01 - 09)[2025 - 01 - 20].https://no.mofcom.gov.cn/sbhz/art/2023/art_45d0f205279742b3b0e8bf6bfcec4b38.html.

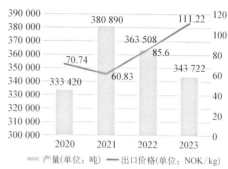

图 4.1　挪威三文鱼产品外观与产量情况

资料来源：挪威渔业局、挪威海鲜协会。

稳定的质量保障和绿色的养殖环境，不仅占据了挪威国内三文鱼市场的半壁江山，更是蜚声海外，成为全球三文鱼市场中的重要供应商。

二、挪威三文鱼品质优良的原因

挪威三文鱼之所以能够在全球市场上享有盛誉，得益于其出类拔萃的品质特性。从源头开始，优越的自然条件便为挪威三文鱼的生长打下坚实基础。养殖过程中，挪威采用科学高效的选育体系，显著提升了三文鱼的生长速度和品质。同时，系统严格的绿色生产模式确保了三文鱼的每个生产环节都符合高标准、可持续的质量要求。正是这些因素的共同作用，造就了挪威三文鱼的卓越品质。

（一）挪威三文鱼的自然生长环境

挪威三文鱼是一种典型的冷水性洄游鱼类，其养殖周期包括淡水孵化与海水养殖两大阶段，对水质、水温等养殖环境的要求极为苛刻。而挪威作为地处北欧斯堪的纳维亚半岛的"万岛之国"，其西部、南部和北部分别濒临挪威海、北海和巴伦支海，海岸线蜿蜒曲折，绵延万里。由千年冰川雕琢而成的峡湾地貌与洁净冰冷的海水为挪威三文鱼养殖提供了极其优越的自然环境。同时，受北大西洋暖流影响，挪威的气温比同纬度的其他国家温和许多，这为挪威三文鱼的生存提供了适宜的气候条件[1]。

---

[1] 卢昆，吴文佳.挪威海水养殖业高效发展的主要措施及经验启示[J].世界农业，2016(9)：190-193,216,259.

（二）挪威三文鱼的苗种选育体系

苗种是所有养殖生产活动的基础和前提。性状良好的苗种可以更好地保证养殖效率和品质[1]。在 1968 年挪威农业大学（现挪威生命科学大学）的哈拉尔德·斯科耶沃尔夫（Harald Skjervold）对三文鱼种苗孵化饲养研究的基础上，挪威水产养殖研究所于 20 世纪 70 年代初正式提出"大西洋鲑国家选择性育种计划"。其目的是培育出适合大规模养殖的三文鱼品种，以获得高产、能对特定传染病具有抵抗力以及在鱼肉的脂肪含量和色泽方面具有更高品质的养殖三文鱼。经过 50 余年的品种筛选和培育工作，挪威三文鱼的体重、繁殖力、抗病性、脂肪含量、脂肪分布、肉色等性状均得到明显改善。与 20 世纪 70 年代相比，如今的挪威三文鱼种，其平均成鱼重量增幅高达 115%，饵料转化率（feed conversion ratio，FCR）下降 23%，在抗病选育方面能获得每代 12.5% 的遗传进展[2]。

在苗种培育方面，挪威三文鱼作为典型的冷水性洄游鱼类，其培育流程包括淡水孵化与海水养殖两大阶段（见图 4.2）。

在淡水孵化阶段，挪威三文鱼卵被精心放置在模拟自然条件的孵化设施中。这些设施通常位于挪威北部或中部的清澈河流上游，远离工业污染，水质纯净，富含天然矿物质。淡水的温和环境为三文鱼卵提供了理想的孵化条件，确保了高成活率和健康的幼鱼体质。幼鱼将在淡水中度过最初的几周至几个月，其间它们以浮游生物为食，逐渐成长并适应水生环境。这一阶段的淡水环境不仅为幼鱼提供了安全的庇护所，还为其后续的海水生活奠定了坚实的基础。

随着幼鱼的成长，它们将被转移到冰冷而富饶的北大西洋近海海域进行海水养殖。挪威拥有绵延万里的海岸线，其海域不仅水温适宜，而且富含营养盐，为三文鱼提供了丰富的食物来源。在海水养殖阶段，三文鱼以小鱼、甲壳类和其他海洋生物为食，这些天然饵料富含欧米伽 3（Omega - 3）等宝贵营养，对人体大有裨益。得益于海水的低温环境，三文鱼体内脂肪得

---

① 张宇雷,倪琦,刘晃,等.挪威大西洋鲑鱼工业化养殖现状及对中国的启示[J].农业工程学报,2020, 36(8): 310 - 315.
② 刘翀.来自大西洋的馈赠：挪威大西洋鲑鱼养殖可持续发展策略启示[N].农民日报,2021 - 01 - 12(4).

以充分累积,造就了其独特的大理石般纹理与醇厚口感。同时,海水的流动性和广阔的空间也确保了三文鱼的健康成长和充足的运动,进一步提升了其肉质的质量。此外,挪威三文鱼在养殖过程中还采用了疫苗接种和专业的疾病预防措施,以替代抗生素的使用,从而确保了三文鱼的健康生长,并减少了其对自然环境和人类健康的潜在危害。

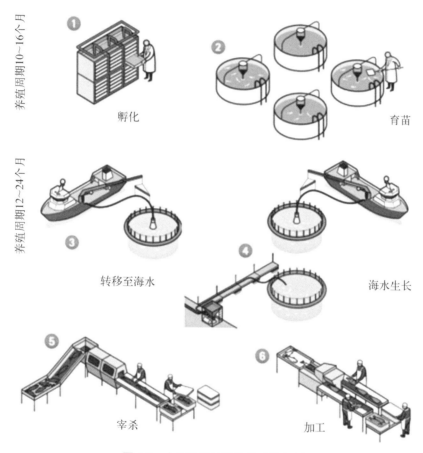

图 4.2　大西洋鲑的标准养殖流程图

资料来源:美威《大西洋鲑产业报告》2018—2020 年。

（三）挪威三文鱼的绿色生产模式

作为全球三文鱼行业的领导者,挪威三文鱼的成功不仅源于其得天独厚的自然条件与科学高效的苗种选育体系,更在于其始终坚守的高标准、可持续的绿色生产模式。从养殖到加工,从运输到销售,挪威凭借其丰富的三文鱼养殖管理经验和先进的生产加工技术,使广大消费者能够享用到安全、健康、优质的三文鱼产品。

1. 深入实施三文鱼养殖全过程管理

挪威对三文鱼养殖实施了严格的全过程管理,以确保养殖活动的规范性和可持续性。在投入生产前,所有养殖场都必须获得生产许可证,且须遵守最大容许生物量(maximum allowed biomass,MAB)制度,以上制度明确限制了三文鱼的养殖规模、密度与成鱼捕捞量,以防止过度养殖对海洋生态造成破坏。在鱼苗与饲料管理方面,挪威严格限制各育苗场年产鱼苗不得超过 200 万尾,要求三文鱼生产者使用环保、高效的饲料,并鼓励养殖企业使用植物饲料,以减少对海洋环境的污染。在鱼病管理以及死鱼处理方面,挪威要求三文鱼生产者对鱼病种类、病鱼数量和病害暴发区域进行详细记录,禁止销售使用抗生素的海水养殖成品鱼。此外,挪威还引入了环境信号灯规则,根据各渔区的海虱寄生虫密度及时调整生产策略。在渔场建设、运营和废弃管理制度方面,挪威也制定了详细的责任划分,以确保渔场的可持续运营和废弃后的环境恢复工作有序开展。

2. 大力推进产品可追溯体系建设

随着互联网与大数据技术的普及与推广,挪威三文鱼在养殖、加工、销售等环节均已建立了完善的产品可追溯体系,基本实现了从养殖场到餐桌的全过程产品质量安全监管。

在养殖环节,挪威采用了先进的物联网技术和区块链技术,为每一条三文鱼分配了专属的标识符和追溯码。这些技术不仅记录了三文鱼的生长环境、饲料来源、养殖周期等关键信息,还能够通过实时监控和数据分析,确保养殖活动的规范性和可持续性。同时,挪威的渔业管理部门和科研机构会定期对养殖场进行抽样检查,监测水质、鱼病情况和抗生素的使用情况,以确保养殖活动符合环保和健康标准。

在加工环节,挪威的三文鱼加工厂都配备了先进的生产设备和质量管理体系。每一条捕捞上岸的三文鱼都会经过严格的筛选、分类和加工处理,确保其品质和口感。同时,加工厂还会对加工过程进行详细的记录,包括加工时间、加工方式、产品规格等信息,以便在出现问题时能够迅速追溯和排查。

在销售环节,挪威三文鱼产品都附带了详细的追溯信息,消费者可以通过扫描产品上的追溯码或访问相关网站,详细了解产品的来源、养殖过程、加工方式以及运输路径等信息,从而做出更明智的购买决策。

3. 主动接轨国际化产品标准体系

近年来,随着全球化进程的不断加速,水产品国际贸易与合作的深度和广度日益拓展。为了更好地开拓国际市场,挪威一直在积极引进和采用国际广泛认可的产品标准化体系来指导本国三文鱼产业的发展。

例如在产品质量分类上,挪威主动接轨全球标准体系,对三文鱼的颜色、斑点、伤口、硬度、损伤和形状都有具体的要求。优质鱼作为一流产品,要求没有重大缺陷、损坏,整体感官印象良好,而低质鱼则在加工纠正之前不能出口,从而保证了挪威三文鱼在国际市场上的高品质形象。此外,挪威三文鱼产业还积极参与了水产养殖管理委员会(Aquaculture Stewardship Council,ASC)、国际标准化组织(International Organization for Standardization,ISO)和危害分析和关键控制点(Hazard Analysis and Critical Control Point,HACCP)等国际权威认证。这些认证既是对其绿色生产模式的认可,也是向全球市场传递挪威三文鱼高品质和可持续性的重要信号。

三、挪威三文鱼品牌建设模式

挪威三文鱼的品牌建设是一个多方协同、全面发力的过程,其中地方政府、行业协会以及龙头企业均扮演着至关重要的角色。它们通过充分发挥在各自领域的专业优势和资源禀赋,精准定位市场、深挖品牌价值、积极开展合作,共同推动了挪威三文鱼在全球市场的品牌塑造与影响力提升,接续谱写着挪威三文鱼享誉全球的品牌传奇。

挪威政府高度重视三文鱼产业的可持续发展与品牌建设,为此专门成立了挪威海产局(Norwegian Seafood Council,NSC)。该部门主要负责挪威三文鱼等海产品的市场准入、市场洞察、营销、公关和声誉管理,切实维系和提高挪威三文鱼在全球新老市场的品牌声誉与产品价值。近年来,挪威海产局通过组建新媒体平台、组织各类营销活动、参加国际展会等方式,将挪威三文鱼的卓越品质与独特魅力展现给全球消费者。同时,挪威海产局还密切关注舆论动态,围绕三文鱼养殖环境、病毒污染等舆情热点及时回应消费者关切,以确保挪威三文鱼在全球市场的声誉不受损害。

行业协会在挪威三文鱼品牌建设中同样发挥着不可替代的作用。挪威海鲜协会作为行业内的代表性组织,通过签约海鲜推广大使、举办海鲜烹饪大赛等活动,将挪威三文鱼的烹饪技巧与美食文化传递给更多消费者,显著提升了消费者对挪威海产品的认知度和好感度。此外,行业协会还组织了一系列展览活动,如挪威国际渔业博览会(Nor-Fishing)和挪威水产和渔业博览会(Aqua Nor)等。这些展览不仅为养殖企业提供了展示产品和技术的平台,还吸引了来自全球各地的采购商、经销商和投资者,进一步巩固了挪威三文鱼在全球市场的领先地位。

龙头企业向来是挪威三文鱼品牌建设的直接参与者和推动者。诸如美威集团、莱瑞集团等挪威三文鱼龙头企业,不仅拥有先进的养殖技术和管理经验,还十分注重品牌建设和市场推广。这些企业通过与挪威海产品委员会紧密合作,积极参与国际展会和营销活动,如中国国际进口贸易博览会、国际渔业博览会等,向国际社会充分展示了高品质的挪威三文鱼产品,并与国内外采购商、经销商建立了合作关系,拓展了销售渠道。同时,三文鱼企业还十分注重包装设计和品牌故事的打造,显著提升了其产品的文化内涵和附加值。此外,这些龙头企业还通过捐赠资金、提供技术支持等方式积极参与社会活动,支持当地社区和渔业发展。这些行为提升了企业的社会形象,增强了消费者对挪威三文鱼的信任和好感。

四、挪威三文鱼产业发展成效

挪威三文鱼作为国际水产品市场的佼佼者,其品牌建设不仅仅依赖于卓越的产品品质和持续的技术创新,更在于多元化的产业融合策略。通过开发渔旅融合、"三文鱼＋电商"等新兴产业发展模式,不仅能显著增强消费者对挪威三文鱼品牌的认知度,还带动了相关产业的协同发展,向世界展现了一条可持续发展的三文鱼产业之路,也为其他水产品品牌的发展提供了宝贵的经验。

在产业融合方面,挪威政府和企业共同打造了渔旅融合的产业发展新模式。例如挪威历经 20 余年精心打造的风景公路计划（Norwegian Scenic Routes），将养殖场、渔村、海岸线等自然景观与人文资源充分结合，形成了一条条独具特色的旅游线路。游客们不仅可以近距离观赏三文鱼的养殖、加工过程，还能品尝到新鲜的三文鱼美食，体验到挪威独特的渔业文化。这种渔旅融合的发展模式，不仅为挪威三文鱼产业带来了新的增长点，还促进了当地经济的多元化发展。

与此同时，挪威三文鱼产业还积极拥抱互联网营销，大力发展"三文鱼＋电商"模式。通过与亚马逊、京东等主流电商平台的紧密合作，挪威三文鱼得以实现全球直采和全渠道销售，快速触达更广泛的消费群体。例如京东七鲜超市（7FRESH）联合挪威等三文鱼五大核心产区组建了"全球三文鱼产业联盟"。该联盟通过优化供应链和引入区块链溯源技术，确保了三文鱼从养殖到餐桌的全流程精细化管控，大幅提升了供应链效率和产品品质，从而缩短了供应链，提高了销售效率。

此外，挪威政府与三文鱼企业还积极利用社交媒体、短视频等新媒体渠道，进行品牌文化、营养价值和烹饪技巧的传播与推广，从而与消费者建立了更紧密的互动关系。这种线上线下相结合的营销方式，不仅拓展了消费场景，提升了挪威三文鱼的知名度，还为其带来了更多的销售机会。

在政府、行业、企业等多方的共同努力下，挪威成功打造了一个具有全球影响力的水产品区域品牌。这既为挪威本国带来了显著的经济效益，也为全球水产品区域品牌建设提供了宝贵的经验和启示。挪威政府、行业协会以及龙头企业之间的高效协同、多元化产业融合发展战略的实践，以及对可持续发展和绿色生产模式的坚守，共同铸就了挪威三文鱼在全球市场的领先地位。

未来，随着全球消费者对高品质水产品的需求不断增长，挪威三文鱼有望继续保持其领先地位，为全球消费者带来更多美味与健康。

第二节　加拿大象拔蚌

加拿大象拔蚌以其卓越品质，被公认为全球顶级象拔蚌之一，其颈肉甘甜、肉质松脆,在亚洲市场尤其受欢迎,被众多美食爱好者视为珍品。加拿大象拔蚌产业通过精细的养殖管理、严格的环境保护措施、有效的品牌建设策略,在实现经济效益显著提升的同时,确保了生态环境的可持续改善,扩大了品牌影响力,为沿海社区带来了深远的影响和持久的收益。

一、加拿大象拔蚌发展概况

象拔蚌又称皇帝蚌、女神蛤、吉大蛤等,是一种珍贵的海产贝类。其外壳薄而脆,两壳相等,壳面前端为锯齿状,其背、腹及后端均有副壳,水管极发达,形如象鼻,因此得名。

加拿大象拔蚌产业在近年来取得了显著的发展,成为加拿大重要的出口产业之一。其主要产区集中在英属哥伦比亚省的西海岸,这里的海域水质纯净、冷冽,为象拔蚌的生长提供了理想的环境。象拔蚌作为世界上最大的蛤蜊之一,其平均重量可达 1 千克,贝壳长度约 195 毫米,生长周期长,通常需要 30～50 年才能成熟。

加拿大对象拔蚌的捕捞采取严格的配额制度,以确保资源的可持续性。加拿大政府每年在全国范围内仅发放 55 张捕捞许可证,每张许可证的捕捞量配额在 25～27 吨之间。此外,象拔蚌捕捞工作通常由专业潜水员来完成,采用手工方式逐个采集,以保证产品质量,尤其是新鲜度[①]。

在市场方面,加拿大象拔蚌的出口量相对稳定,年均捕捞量约为 1 500 吨。其中,90%以上的产品出口到中国,中国已然成为加拿大象拔蚌最大的出口市场。2018—2019 年,加拿大象拔蚌的出口额从 5 480 万加元增长到 6 160 万加元,足以显示其在国际市场上的强劲需求[②]。

二、加拿大象拔蚌品质优良的原因

加拿大以其严格的可持续捕捞管理、精细的养殖技术创新以及全面的

---

① 中国国际贸易促进委员会农业行业分会,美国海洋展览公司.第 28 届中国国际渔业博览会——青岛举办加拿大海产高峰论坛[EB/OL].(2021 - 10 - 27)[2025 - 01 - 23].https://www.seafood-expo.com/coevent/covents-history/41 - 2021 - covent/6804 - acbn_seminar_2021.

② 中国国际贸易促进委员会农业行业分会,美国海洋展览公司.第 28 届中国国际渔业博览会——青岛举办加拿大海产高峰论坛[EB/OL].(2021 - 10 - 27)[2025 - 01 - 23].https://www.seafood-expo.com/coevent/covents-history/41 - 2021 - covent/6804 - acbn_seminar_2021.

产品追溯体系,在国际市场上建立了象拔蚌高品质海产品的形象。通过对幼苗饲养条件的优化、筏式养殖系统的应用、聚氯乙烯管(PVC 管)护养法的创新实践,以及实施绿色生产模式,加拿大象拔蚌产业不仅保障了产品的长期稳定供应,而且显著提升了产品品质和市场竞争力,使得该产业在全球市场中得到了广大消费者的信任和认可,为海产养殖业树立了又一个行业典范。

（一）理想的地理位置

加拿大象拔蚌主要分布在加拿大西海岸的北太平洋沿海地区,尤其是英属哥伦比亚省的太平洋沿岸。该区域的海洋环境为象拔蚌提供了理想的栖息条件,其海底底质以沙泥为主,水温常年保持在 0～24 ℃之间,盐度维持在 26‰～34‰。象拔蚌通常栖息于水深 6～30 米的区域,它们会在海底挖掘深穴,埋藏自己,仅露出长长的虹吸管。

（二）科学的养殖技术

象拔蚌幼苗的饲养和管理研究为水产养殖业提供了宝贵的经验和技术创新。通过优化饲养条件、探索科学的外植管理方法,以及采用 PVC 管护养技术,显著提升了象拔蚌苗种的成活率和生长效率。

1. 幼苗的饲养和优化

英属哥伦比亚省的研究人员通过实验研究,优化改善了象拔蚌幼苗饲养条件,以提高其在商业水产养殖中的品质和效率。研究发现,温度是影响幼苗性腺发育的关键因素,适宜的温度能够显著促进性腺的成熟,从而提升幼苗的存活率。在幼苗饲养阶段,研究人员通过优化饲料类型、水交换率和附着基质,进一步改善了幼苗的生长环境。例如,当使用细砂作为附着基质时,幼虫的附着率和存活率显著提高。这些研究成果为象拔蚌的早期生长阶段提供了科学指导,为后续的品质提升奠定了基础。

2. 幼苗饲养与外植的科学管理

在幼贝饲养和外植阶段,研究人员探索出了低成本、基于筏的养殖系统,并分析了不同养殖模式对幼贝生长和存活的影响。研究发现,筏式养殖系统能够有效提高幼贝的生长速度和成活率,同时降低养殖成本。此外,通过穴居行为实验,研究人员确定了适合外植的最佳季节、动物大小和基质类型。例如,选择合适的季节进行外植可以避免极端温度对幼苗的影响,而合适的基质类型则有助于幼苗的稳定生长。

3. PVC 管护养法

在加拿大象拔蚌的人工养殖实践中,通常采用直径 10～20 毫米、长度 25～30 毫米的塑料或 PVC 管作为苗种保护装置,并精心设计种苗位置和覆盖网,有效提高了苗种的存活率。具体的操作方法如下:在 PVC 管中放入 10～30 粒苗种,随后将管的一端埋入沙底,另一端露出沙面 5～10 毫米,并在外侧罩上孔径为 1 毫米的塑料网,从而有效保护苗种免受敌害,如蟹、海星、蜗牛等生物的捕食。随着时间的推移,苗种会逐渐钻入沙中,3 个月钻入约 10 毫米,6 个月后达到 20～25 毫米,在 10～12 个月后钻入 30～40 毫米,并开始分散,此时便可取出塑料管进行循环利用,而由于苗种得到了良好的保护,其成活率将显著提高。这一操作流程充分体现了加拿大象拔蚌在苗种培育方面的精细化管理和技术创新[①]。

(三)严格的质量管控

1. 健全的产品追溯体系

加拿大象拔蚌的产品追溯体系已基本实现了象拔蚌从养殖场到餐桌的全程可追溯。建立该体系的主要目的是保障食品安全,增强消费者信心,并促进产业的可持续发展。

象拔蚌收获后,独立的第三方服务提供商会验收所有象拔蚌的重量并记录信息。该信息将被记录在由加拿大渔业和海洋部(Department of Fisheries and Oceans Canada,DFO)批准的象拔蚌和马蛤验证收获日志中,并跟随产品一并送到水产加工厂。此外,来自加拿大的象拔蚌只允许经由联邦注册的加工厂购买,从而进一步确保了任何来自加拿大的象拔蚌产品都可以追溯到确切的收获时间和地点,也是确保消费者能够准确了解产品来源和品质的重要手段。

在分销和运输过程中,各个环节都需要记录产品的流向和状态,这有助

---

① FISHERIES AND OCEANS CANADA. Scientific research on cultured clams [EB/OL]. (2013 - 10 - 28)[2025 - 01 - 20]. https://www.dfo-mpo.gc.ca/aquaculture/sci-res/species-especes/clams-mollusques-eng.htm.

于确保产品在运输过程中不受污染或损坏，同时也能在出现问题时迅速找到问题源头。在销售和消费环节，商家需要确保产品标签的完整性和准确性，并向消费者提供必要的产品信息，消费者可以通过扫描标签上的二维码或通过查询系统来获取产品的详细信息。完善的产品追溯体系不仅有助于保障食品安全和消费者权益，还能有效促进象拔蚌产业的可持续发展和市场竞争力的提升。

2. 多过程融入标准化管理

标准化管理在加拿大象拔蚌的养殖、加工和出口等环节中起着至关重要的作用。

通过严格的环境监测和科学的饲养管理，加拿大象拔蚌产业已基本建立起贯穿养殖全过程的规范化管理体系。在养殖环节，养殖场通过对水质、底质、光照等环境指标的标准化管理，为象拔蚌提供了极佳的生长环境，通过筛选和培育优质种苗，确保象拔蚌具备良好的生长潜力和遗传特性。同时，通过制定和执行科学的饲料投喂、水质管理、疾病防控等养殖管理规程，以确保象拔蚌的健康生长。

在加工环节，加拿大象拔蚌产业严格遵循国际食品安全标准，确保产品从捕捞到包装的每一个环节都符合高质量要求。捕捞后的象拔蚌将首先经过严格的清洗以去除表面杂质和泥沙，随后根据大小和质量进行分级，确保每一批次的产品规格一致。此外，为保持象拔蚌的新鲜度和营养成分，加工过程将采用低温处理技术。从捕捞到包装，全程冷链运输，以确保产品在最佳状态下进入市场。

在出口环节，加拿大象拔蚌在出口前需要严格遵守国际进出口标准和法规并经过全面细致的质量检测，以确保产品在污染物限量、贝类毒素限量等方面符合进口国的质量标准和要求。

三、加拿大象拔蚌品牌建设模式

依托于加拿大政府充分的政策支持、行业协会的大力推广和龙头企业的高品质创新，加拿大象拔蚌在国际市场的品牌地位得到了显著提升。

加拿大政府在象拔蚌品牌建设中发挥着关键作用，通过提供充分的政策支持以确保产业的可持续发展。加拿大政府通过制定严格的渔业管理政策,控制捕捞许可证的发放,有效保障了象拔蚌资源的合理利用和生态环境的保护。同时,当地政府还积极进行国际市场推广,通过组织参加国际合作和贸易展会大幅提升了加拿大海产品在国际市场的知名度。此外,当地政府还通过建立严格的质量标准和认证体系,确保象拔蚌产品的高品质和安全性,为品牌建设奠定了坚实基础。

行业协会在加拿大象拔蚌品牌建设中扮演着重要角色,通过支持市场推广和制定行业规范有效提升了加拿大象拔蚌的品牌影响力。水底捕捞者协会(The Underwater Harvesters Association,UHA)代表全加拿大 55 个象拔蚌捕捞许可持有者,负责管理和推广野生象拔蚌产业,其每年投入大量资金用于市场推广,并积极申请加拿大政府的海外营销基金,针对主要市场开展营销活动,显著提升了象拔蚌的国际知名度。同时,行业协会还制定了严格的行业规范,确保捕捞和加工过程符合可持续发展和高质量标准。

龙头企业在加拿大象拔蚌品牌建设中发挥着重要的引领作用,通过生产高品质产品和开发创新型商业模式提升品牌竞争力。海丰(国际)海产有限公司作为加拿大领先的象拔蚌出口企业之一,每年向国际市场出口的象拔蚌总量超过 150 万磅[①],其产品由专业潜水员采用可持续方式捕捞,并通过危害分析和关键控制点(hazard analysis and critical control point, HACCP)认证体系确保产品质量。此外,海丰公司还通过建立完善的供应链和销售渠道,在成功将高品质象拔蚌推向国际市场的同时,也为当地创造了大量就业机会。

四、加拿大象拔蚌产业发展成效

加拿大象拔蚌产业以其显著的经济效益、充分的生态环境保护、不断扩大的品牌影响力,以及丰富的社会文化效益,展现了象拔蚌产业发展的综合成效。这一产业不仅为当地经济注入了活力,保护了海洋生态,还提升了国

---

① 不列颠哥伦比亚省政府(The Government of British Columbia).海丰(国际)海产[EB/OL].(2018 - 04 - 27)[2025 - 02 - 07].https://www2.gov.bc.ca/gov/content/export-catalogue/zh-bc-agrifood-seafood-export-catalogue/seafood-companies/best-honour-international-seafood.

际形象,促进了社区繁荣和文化传承,是全球象拔蚌产业可持续发展的卓越典范。

（一）经济效益显著提升

象拔蚌产业已成为加拿大重要的经济支柱之一。高附加值的特性使加拿大象拔蚌在全球海产品市场中占据重要地位。尽管象拔蚌的捕捞量仅占加拿大贝类捕捞总量的8%,但其捕捞价值却占加拿大贝类总价值的28%,批发价值占加拿大贝类总价值的21%[①]。象拔蚌的高市场需求和稳定价格为渔民和企业带来了可观的经济收益。此外,象拔蚌产业还带动了相关产业链的发展,包括加工、运输、销售和国际贸易,创造了大量就业机会,推动了沿海地区的经济发展。

（二）生态环境得到充分保护

加拿大政府通过制定严格的捕捞配额制度、建设海洋保护区,确保了象拔蚌资源的可持续利用。捕捞配额根据科学研究和资源评估动态调整,严格限制在生态系统承载能力范围内。海洋保护区的设立则为象拔蚌等海洋生物提供了安全的栖息地,促进了生物多样性的保护。此外,政府和行业协会定期对渔民进行环保培训,推广可持续捕捞方式,减少了捕捞活动对海洋生态的负面影响。这些措施不仅保护了象拔蚌资源,还维护了整个海洋生态系统的健康和稳定。

（三）品牌影响力不断扩大

凭借高品质和可持续发展理念,加拿大象拔蚌品牌赢得了全球消费者的信任和认可。政府、行业协会和龙头企业通过多渠道的市场推广和品牌建设,提升了加拿大象拔蚌在国际市场的知名度和美誉度。通过参加国际海产品博览会、举办象拔蚌文化节等活动,加拿大象拔蚌更是成功吸引了全球目光,加深了国际消费者对这一品牌的认知与喜爱。完善的追溯体系和严格的质量标准则进一步增强了消费者对品牌的信任,提升了品牌的市场竞争力,使得加拿大象拔蚌在全球市场上独树一帜,成为高端海产品的代名词。

---

① 樊旭兵.可持续渔业的典范：加拿大象拔蚌渔业管理［EB/OL］.（2012 - 12 - 04）［2025 - 01 - 21］.http://www.fishfirst.cn/article - 17487 - 1.html.

（四）社会与文化效益显著提升

象拔蚌产业不仅为当地社区带来了经济收益，还促进了社会和文化的可持续发展。沿海社区通过参与象拔蚌捕捞和养殖项目，获得了稳定的收入来源，显著改善了生活质量。此外，象拔蚌产业的发展也推动了当地文化的传承和创新，例如传统的捕捞技术和文化习俗得以保留和发展。同时，政府和行业协会通过教育和宣传活动，提高了公众对海洋生态保护的意识，推动了可持续发展理念的传播。

加拿大象拔蚌产业凭借其科学化养殖管理和可持续发展理念在全球象拔蚌市场中占据了重要地位。通过严格的渔业管理措施和生态保护策略，加拿大得以在确保象拔蚌资源长期稳定供应的同时，显著提升其产品的市场竞争力和品牌形象。

（五）产业的可持续发展

加拿大政府致力于可持续捕捞与生态保护。加拿大政府和相关机构通过科学研究和评估，制定了合理的捕捞配额制度。这一制度通过严格限制每年的捕捞量，以确保捕捞活动不会超出海洋生态系统的承载能力。同时，通过对配额的动态调整，使象拔蚌得以快速适应海洋环境的变化和资源状况的波动。此外，加拿大政府和相关组织还定期为渔民提供培训，使渔民能够更好地理解捕捞活动对海洋生态的影响，从而自觉遵守捕捞规定，采取更加环保的捕捞方式。

加拿大政府大力建设海洋保护区以保护重要的海洋生态系统和生物多样性。保护区既为海洋生物提供了安全的栖息地，也为象拔蚌等经济物种的繁殖和生长创造了有利条件。加拿大政府和科研机构定期对海洋环境进行监测和评估，了解海洋生态系统的健康状况和变化趋势。这些监测数据为制定科学的捕捞政策和生态保护措施提供了重要依据。此外，加拿大还注重提高公众对海洋生态保护的认识和参与度。通过举办各种宣传活动和教育项目，向公众普及海洋生态保护知识，鼓励人们采取实际行动保护海洋环境。加拿大象拔蚌产业通过实施可持续发展战略，赢得了消费者的信任和认可，从而增强了品牌的市场竞争力。这种品牌形象的提升有助于加拿大象拔蚌产业在未来市场竞争中保持领先地位并实现可持续发展。

第三节　厄瓜多尔对虾

厄瓜多尔位于南美洲西北部,得天独厚的自然条件和悠久的对虾养殖历史使其成为南美对虾的主要养殖与出口国。历经半个多世纪的发展,厄瓜多尔对虾产业已茁壮成长为全球虾类市场的璀璨明星。绿色可持续的养殖技术、闭环的产业链布局以及严格的品质控制,既造就了厄瓜多尔对虾在全球市场上的独特竞争力,也为其赢得了世界"头等虾"、全球首个虾养殖水产养殖管理委员会(Aquaculture Stewardship Council,ASC)认证等多项国际荣誉与认可,进一步奠定了其在全球对虾产业中的领军地位。

一、厄瓜多尔对虾发展概况

南美对虾原产于太平洋东岸的中南美洲地区,凭借鲜美的口感和卓越的品质,在全球范围内赢得了广泛的赞誉。作为世界上最早发展对虾养殖业的国家之一,厄瓜多尔在对虾产业上已历经 50 多年的发展。从最初的小规模养殖到如今成为全球对虾出口的重要国家,厄瓜多尔对虾产业的发展经历了由弱到盛的过程。

1999 年,厄瓜多尔对虾产业遭遇了白斑综合征病毒的严重侵袭,导致对虾产量从此前的 12 万吨锐减至 5 万吨,降幅近 60%。此后,经过 7 年的努力,其产量才逐步回升至发病前的水平。自 2006 年起,厄瓜多尔的对虾产量开始迅速增长。至 2014 年,厄瓜多尔对虾的出口量已飙升至 30 万吨,成为该国除石油外的首要出口商品[①]。2020 年,厄瓜多尔的对虾出口量已高达 63 万吨,大幅领先于其他国家,正式确立了其在全球虾类市场中不可撼动的地位[②]。

二、厄瓜多尔对虾品质优良的原因

厄瓜多尔对虾凭借卓越的品质,赢得了全球消费者的青睐。该国纯净

---

① 罗丹.厄瓜多尔对虾养殖产业见闻[J].海洋与渔业·水产前沿,2017(1):66-68.
② 界面新闻.中国需求下降,厄瓜多尔白虾产能过剩涌入全球市场[EB/OL].(2023-10-12)[2025-02-07]. https://www.jiemian.com/article/10471898.html.

的水质与适宜的气候为对虾提供了理想的生长环境,科学的选育方法和先进的育种技术,确保了产品品质的稳定性,生态化的养殖模式和严格的品质管理使得厄瓜多尔对虾在生长过程中远离污染,保持了自然鲜美的口感。正是这些因素的共同作用,使厄瓜多尔对虾成为全球高品质虾类的杰出代表。

（一）优越的自然条件

厄瓜多尔位于南美洲西北部,拥有得天独厚的自然环境,其沿海地区水质优良、气候稳定,且污染较少。厄瓜多尔沿海分布着大大小小的火山岩岛屿,丰沛的淡水注入,为对虾提供了丰富的营养和良好的生长条件。这些自然条件为南美白对虾的生长提供了坚实的基础,使其能够保持卓越的口感和品质。

（二）科学的品种培育

厄瓜多尔的南美对虾品种培育,采用了科学的选育方法和先进技术,确保了产品的高品质和稳定性。厄瓜多尔的亲虾主要源自本地选育,以抗病性和存活率为筛选的关键指标,不依赖于进口种虾,有效防止了外来病害的侵入。通过微卫星育种技术,厄瓜多尔对虾养殖实现了群体选育和家系选育,确保了种苗的品质和遗传稳定性。这种科学的育种方法赋予了厄瓜多尔南美白对虾更强的适应力和更优的生长性能。

（三）绿色的生产方式

在厄瓜多尔,南美白对虾的养殖侧重于生态可持续性,严令禁止虾苗企业使用违禁药物。在养殖过程中,根据养殖阶段和目标,提供具有特定功能的饲料,以确保生态安全。此外,厄瓜多尔对虾的养殖密度也相对较低,通常每平方米水面养殖 8～12 尾,最多不超过 20 尾,亩产在 100～150 kg 之间。低密度养殖减少了虾类之间的竞争,为对虾提供了更充足的生长空间,同时也有助于降低疾病传播的风险,使得对虾能够健康生长,从而保证了产品的高品质和高成活率[①]。

（四）生产与加工模式的支撑

厄瓜多尔南美白对虾的生产与加工模式为其品牌建设奠定了坚实的基

---

① 黄皓.另类对虾养殖模式：厄瓜多尔敞开式养殖[J].当代水产,2014,39(5)：52－53.

础。厄瓜多尔的虾场与加工厂的距离较近,从成虾捕捞到进入加工厂的时间不超过 4 小时,这一高效的供应链体系确保了产品的新鲜度和完整性。在加工环节,企业采用先进的加工技术和严格的品质检测体系,进一步保障了产品品质。这种从养殖到加工的全程可控模式,使得厄瓜多尔南美白对虾在市场上脱颖而出,成为高品质虾类的代表①。

从低密度生态养殖到高效的供应链管理,再到先进的加工技术和严格的品质检测,每一步都致力于确保产品的高品质。这种全程可控的生产加工体系,使得厄瓜多尔白对虾在市场上独树一帜,成为高品质虾类的代名词。同时,通过创新的包装形式和积极的品牌推广,使得厄瓜多尔白对虾在全球范围内赢得了消费者的信任和认可,其品牌形象和产品品质不断提升,为全球水产品品牌发展树立了新的标杆。

三、厄瓜多尔对虾品牌建设模式

厄瓜多尔对虾的品牌建设模式,是集当地政府引导、行业协会协调、龙头企业引领于一体的多方共建模式。

厄瓜多尔政府通过严格管控亲虾进出口和实施国家管控计划,有效保护了本地种虾资源,确保了南美白对虾的品质与可追溯性,从而在全球市场上树立了高品质的声誉。首先,厄瓜多尔政府严格管控亲虾进出口,禁止种虾进口,这一举措有效保护了本地种虾资源,确保了南美白对虾的优良基因得以延续。此外,厄瓜多尔政府还出台了国家管控计划(National Control Plan),对养殖、加工和出口的各个环节进行严格监管,确保白对虾的品质和可追溯性。这种从源头到终端的严格把控,不仅提升了产品的安全性,而且为厄瓜多尔白对虾在全球市场上赢得了良好的声誉。

行业协会在厄瓜多尔对虾品牌建设中发挥着桥梁和协调作用。通过制定行业标准和质量认证体系,确保产品的高品质和一致性。厄瓜多尔水产养殖商会(National Chamber of Aquaculture,CNA)在品牌推广和质量监督方面扮演了关键角色,通过组织全球推介会、制定行业标准等方式,提升了

① 孔一颖.厄瓜多尔白虾的高品质"虾设"[J].海洋与渔业,2017(11):40-41.

厄瓜多尔白虾的国际知名度。此外,协会还推动了"可持续虾伙伴关系"(Sustainable Shrimp Partnership,SSP)认证,确保产品符合严格的环境和质量标准。

龙头企业在厄瓜多尔对虾品牌建设中则发挥着引领作用。以 Texcumar 公司为代表的龙头企业在种苗繁育方面占据核心地位,其无节幼体供应量约占全国的 32%[①],为整个产业提供了高质量的虾苗基础。此外,这些企业还采用闭环产业链模式,从虾苗培育、养殖、加工到出口均由企业独立完成,确保了全程可控,从而保障了产品的高品质和可追溯性。这种模式既提升了企业的市场竞争力,也为厄瓜多尔白对虾在全球市场树立了良好的品牌形象。

四、厄瓜多尔对虾产业发展成效

厄瓜多尔对虾产业近年来取得了显著的发展成效,已然成为全球虾类市场的领军者之一。根据厄瓜多尔水产养殖商会(CNA)的数据,2024 年 5 月,厄瓜多尔对美出口量同比大增 53%,显示出其在全球市场上的强劲竞争力。此外,2024 年 6 月,厄瓜多尔累计出口 50.9 万吨冷冻南美白虾,同比增长 2%,出口额达 24.86 亿美元[②]。

厄瓜多尔白对虾在全球市场的销售与品牌建设取得了显著成效,已然成为世界各地水产市场的"标配"产品。在中国市场,厄瓜多尔白对虾凭借其高品质和良好的口感,迅速赢得了消费者的青睐,成为电商平台的热门产品。其品牌推广策略包括与国内知名电商平台合作,举办线上促销活动,以及通过社交媒体和网红营销等方式提升品牌知名度,以巩固其在中国市场的地位。在全球市场,厄瓜多尔白对虾以"带头带壳"的形式呈现,这种独特的包装形式不仅保留了对虾的完整性和新鲜度,还成为高品质的象征,深受消费者认可。此外,厄瓜多尔计划推出全新的全球对虾标准,包括零抗生素认证,

---

① 牧通人才网.南美洲的对虾产业为何越养越好?[EB/OL].(2017-01-16)[2025-02-07].https://m.xumurc.com/weixin/newsshow/50496.

② 厄水产养殖商会(CNA).5月份厄瓜多尔白虾出口再创新高,前五个月已累计出口 51 万吨[EB/OL].(2024-07-24)[2025-02-07].http://ngx.179c.com/p7689.html.

旨在进一步提升品牌价值。通过这些举措,厄瓜多尔白对虾在全球市场上树立了高品质、可持续发展的品牌形象,为消费者提供了值得信赖的选择。

在产业链融合方面,厄瓜多尔通过垂直一体化建设,实现了从虾苗培育、养殖、加工到销售的全产业链整合,显著提升了产业效率和产品质量。这种模式不仅减少了中间环节的成本,而且通过高效的供应链管理确保了产品从源头到终端的稳定供应。例如,Aquagold 公司通过整合养殖、加工和销售环节,实现了从虾苗到最终产品的全流程控制,确保了产品的高质量和稳定性。此外,垂直一体化还使企业能够更好地应对市场波动,通过内部资源调配优化生产计划。

在市场拓展与品牌建设方面,厄瓜多尔虾生产商通过丰富产品线,满足了不同市场和消费者的需求。针对海外市场,Expalsa 公司推出了Wonder、OASIS 等品牌,而针对中国市场,则特别推出了"王牌"和"王后"品牌。这些品牌在产品规格和加工方式上各有侧重,涵盖了去头带壳虾、去壳虾、带头带壳虾等多种形式,以及不同大小规格的产品。同时,厄瓜多尔政府还通过加强品牌推广活动,提升品牌知名度和市场占有率。例如,厄瓜多尔驻华大使馆携手"无界限贸易"共同启动 2022 年厄瓜多尔白虾品牌推广活动,向中国消费者展示其产品的高品质和可追溯性。

第五章
水产品区域品牌建设国内典型案例

　　水产品主要分为海水鱼、淡水鱼、虾类、贝类和蟹类等类别。本研究基于水产品的类别及市场知名度,从 33 个国家地理标志或农产品地理标志的水产品中,选取了宁德大黄鱼、乳山牡蛎、潜江龙虾和阳澄湖大闸蟹这 4 个具有代表性的区域品牌进行案例分析。本章将详细梳理这 4 个区域品牌的基本概况及特色做法,旨在总结其成功经验,为其他水产品区域品牌的发展提供借鉴。

第一节　宁德大黄鱼

　　宁德大黄鱼产业依托闽东沿海地区优越的水域条件,通过品种培育技术的创新、绿色生产模式的推广以及系统性的品牌建设,已成为中国海水养殖领域的典范。从苗种繁育、智能化养殖到品牌推广与市场拓展,宁德大黄鱼产业的发展成效显著,既为地方经济发展注入了强大动力,也为全球消费者提供了高品质的海鲜产品,充分展现了其在海洋渔业可持续发展中的重要地位和引领作用。

一、宁德大黄鱼发展概况

　　20 世纪 70 年代,由于过度捕捞,大黄鱼资源濒临枯竭。然而,宁德凭借得天独厚的海洋条件和不懈的努力,成功突破了大黄鱼人工育苗和养殖技术,使大黄鱼产业逐步崛起。如今,宁德已成为中国大黄鱼养殖的核心区域,其产量连续多年位居全国之首。2023 年,宁德大黄鱼产量达到 21.3 万吨,占全国总产量的 80％以上,全产业链产值超过 200 亿元[①]。

宁德大黄鱼产业的发展不仅体现在产量上,更在于其完整的产业链建设。从苗种繁育到加工销售,从渔药饲料到仓储物流,宁德大黄鱼产业涵盖了多个环节。宁德市拥有 90 多家大黄鱼育苗场,年育苗量超过 30 亿尾[②],还设有国家级大黄鱼原种场和育种国家重点实验室。此外,宁德市政府部门还积极推动大黄鱼产业的绿色转型,淘汰传统养殖设施,采用新型环保塑胶渔排,有效提升了养殖效率和产品质量。

二、宁德大黄鱼品质优良的原因

宁德地处东海之滨,拥有优越的海洋生态环境,水质清澈、营养丰富,为大黄鱼的生长提供了理想的条件。宁德大黄鱼产业通过持续的科技创新,培育出抗病性强、生长速度快的新品种,进一步提升了产品的品质和产量。宁德大黄鱼养殖业始终坚持绿色生产模式,采用生态养殖技术,严格控制饲料和药物的使用,确保产品的安全性和健康性。这些优势使宁德大黄鱼在肉质鲜美、营养丰富方面脱颖而出,赢得了国内外消费者的广泛信赖。

(一)地理位置优越

宁德大黄鱼的养殖区域主要集中在福建省宁德市沿海地带,这里地处闽东沿海,拥有得天独厚的自然条件。宁德市的三都澳海域是大黄鱼养殖的核心区域,其海域水深港阔,水质优良,盐度适中,水温稳定,非常适合大黄鱼的生长和繁殖。三都澳的自然环境为大黄鱼提供了丰富的浮游生物和良好的栖息场所,是大黄鱼生长的理想家园。

(二)科技创新融入品种培育

宁德作为"中国大黄鱼之乡",在大黄鱼品种培育方面取得了显著成就。宁德市依托大黄鱼育种国家重点实验室和国家级大黄鱼遗传育种中心,积

① 龙敏,吕巧琴.从濒临灭绝到中国第一海水养殖鱼:大黄鱼"游"世界[EB/OL].福建日报,(2024 - 05 - 16)[2025 - 01 - 21].https://www.fjdaily.com/app/content/2024 - 05/16/content_2532849.html.
② 宁德大黄鱼传奇之科技篇[EB/OL].中新网福建,(2024 - 12 - 09)[2025 - 01 - 21].https://www.fj.chinanews.com.cn/news/2024/2024 - 12 - 09/558515.html.

极开展良种选育工作。截至2024年4月,宁德市已成功培育出"富发1号"等大黄鱼新品种,并研发了"宁芯1号""宁芯2号""宁芯3号"等基因组育种芯片,逐步实现了大黄鱼基因组育种的全面"芯片化",大大促进了大黄鱼良种选育的发展[①]。

宁德市的大黄鱼育种工作不仅注重技术创新,还强调产学研合作。通过与厦门大学、集美大学等高校及科研机构的深度合作,宁德市建立了成熟的大黄鱼基因组选择育种技术体系,已在种质资源遗传鉴定、重要性状遗传定位、抗病抗逆育种等工作中得到成功应用。此外,宁德市还积极开展大黄鱼苗保种研究,将不同抗逆性、抗病性、体色的种苗保存下来,为产业的可持续发展提供了有力支持。

(三)绿色生态养殖模式

宁德大黄鱼产业秉承生态优先的绿色生产模式,凭借生态化、绿色化的养殖转型,技术创新驱动的智能化养殖,以及"一品一码"全过程可追溯体系,成功打造了高效、环保、可信赖的大黄鱼养殖品牌。这些措施不仅保障了产品的质量安全,提升了市场竞争力,还为我国海水养殖业的可持续发展做出了重要示范。

1. 生态优先的绿色养殖模式

在生态优先的绿色养殖理念指导下,宁德大黄鱼产业取得了显著成效,成为全国水产养殖高质量绿色发展的典型。近年来,宁德市通过一系列措施,推动大黄鱼养殖从传统模式向生态化、绿色化转型。

在生态养殖方面,宁德市积极推广绿色循环养殖试点,推进网箱养殖"小改大、内转外",拓展湾外养殖空间。2023年,全市大黄鱼配合饲料使用量约25万吨,使用率达58.7%,有效减少了对海洋环境的消极影响。同时,宁德市还大力开展增殖放流活动,2023年宁德市各级政府累计投入435万元,在三沙湾、交溪、霍童溪等主要海域和流域,增殖放流各类水生生物11

---

① 张文奎,卢杨静."芯"技术破解大黄鱼"基因密码"[EB/OL].宁德市海洋与渔业局,(2024-04-16) [2025-02-14].https://hyj.ningde.gov.cn/ztzl/nddhy/dhydt/202404/t20240416_1929619.htm.

亿尾,助推渔业资源恢复[①]。

在生态治理方面,宁德市曾对三都澳等海域进行综合整治,清退及升级改造渔排 142.73 万口、贝藻类 54.15 万亩,清理海漂垃圾 10.6 万吨、泡沫浮球 538 万个[②]。如今,新型塑胶环保渔排成为宁德大黄鱼养殖的主要设施,不仅提高了养殖效率,还减少了海洋垃圾。

2. 技术创新的智能化养殖管理

宁德大黄鱼产业在智能化养殖设备的应用和全产业链的智能化管理方面取得了显著成效,为推动产业高质量发展提供了强大动力。

智能化养殖设备的应用是宁德大黄鱼产业的重要创新方向。例如,全球首个漂浮式风机融合发展模式在宁德市取得成功。该模式搭载了智能化深远海养殖设备和技术,包括网衣清洗机器人系统、自动投喂系统、海洋环境监测和鱼体监测系统。这些设备和技术可以远程监控鱼体的成长状况,进行饵料自动投喂,有效降低劳动强度,提高养殖收益率。同时,生活在平台养殖网箱的大黄鱼,因环境接近自然,其肉质更加紧实,口感接近野生水准。

全产业链的智能化管理也在宁德大黄鱼产业中逐步实现。宁德市正加快建设大黄鱼产业"智慧大脑",创新海上养殖精细化管理和服务。通过信息化手段,大黄鱼育苗和养殖已从"凭经验"向"看数据"转变,极大地提高了生产效率和产品质量。同时,宁德市还发布了国内首个覆盖大黄鱼产业全链条的产品标准蓝皮书,为产业的标准化和智能化发展提供了重要指导。

3. "一品一码"可追溯体系建设

宁德市通过"一品一码"全过程可追溯体系的建设,实现了大黄鱼从养殖源头到消费终端的全程质量监管。该体系按照"源头可溯、去向可追、风险可控、公众参与"的基本要求,每批次大黄鱼都拥有唯一的追溯码,消费者可以通过手机 App 或相关平台查询产品的产地、生产日期、检验检测等详

---

① 叶茂.福建宁德:用生态"底色"描绘发展"绿色"[EB/OL].中国新闻网,(2024 - 08 - 14)[2025 - 02 - 07].https://www.chinanews.com/sh/2024/08 - 14/10268806.shtml.

② 吕巧琴,吴允杰."中国大黄鱼之都"福建宁德:水清民富　绿色发展[EB/OL].中国新闻网,(2022 - 08 - 25)[2025 - 01 - 26].https://www.chinanews.com.cn/cj/2022/08 - 25/9836241.shtml.

细信息。

在具体实施过程中，宁德市建立了完善的大黄鱼质量安全追溯系统，要求生产企业和养殖户详细记录育苗、养殖、加工等环节的信息，确保每条大黄鱼的"来龙去脉"清晰可查。此外，宁德市渔业协会还联合相关企业，为符合可追溯体系要求的大黄鱼产品贴上防伪标志，进一步保障了产品的质量安全。通过"一品一码"体系，宁德市不仅提升了大黄鱼的市场竞争力，而且有效保障了消费者的饮食安全，真正实现了"信息可查询、来源可追溯、去向可跟踪、责任可追究"的目标①。

三、宁德大黄鱼品牌建设模式

宁德大黄鱼的品牌建设是政府、行业协会、龙头企业和生产者共同参与的系统性工程。

政府在其中扮演着重要的引领角色，通过制定政策和提供支持，为产业发展奠定基础。宁德市政府出台了多项政策措施，如"国鱼计划"专项行动方案，从种业创新、健康养殖到品牌建设，全方位推动大黄鱼产业高质量发展。同时，政府通过举办大黄鱼文化节、冠名高铁列车等方式，积极拓展品牌推广渠道，提升"宁德大黄鱼"的知名度和影响力。此外，宁德市海洋与渔业局定期开展大黄鱼质量安全风险监测，推动"一品一码"可追溯体系建设，确保产品质量安全，为品牌建设提供有力支撑。

行业协会在品牌建设中发挥了重要的组织和规范作用。宁德市渔业协会积极推动大黄鱼产业标准化建设，制定团体标准，规范养殖和加工流程。同时，行业协会联合科技企业构建"一品一码"溯源体系，为宁德大黄鱼赋予防伪标志，保障产品质量可追溯。在品牌推广方面，行业协会通过举办"互联网助力宁德大黄鱼快速发展"活动，联合电商平台拓展销售渠道，进一步提升品牌影响力。此外，行业协会还积极开展行业自律和打假行动，对违规企业取消地理标志使用资质，以维护品牌声誉。

龙头企业凭借自身的技术和市场优势，成为品牌建设的重要力量。通

---

① 吴宁宁.闽东大黄鱼将佩戴"身份证"[EB/OL].宁德网，(2018 - 10 - 15)[2025 - 01 - 17].https://www.ndwww.cn/xw/ndxw/2018/1015/99491.shtml.

过创新养殖技术,推动大黄鱼养殖的科学化和绿色化,龙头企业如鑫隆农业、三都港集团等,不断提升大黄鱼的品质和市场竞争力。同时,龙头企业积极拓展国内外市场,开发大黄鱼深加工产品,延伸产业链,提升产品附加值,通过电商平台和线下渠道,将宁德大黄鱼推向更广阔的市场,进一步提升了品牌的市场影响力。

广大生产者是品牌建设的基础力量。他们通过参与政府和协会组织的技术培训,不断提升养殖水平,确保大黄鱼的品质。许多养殖户通过科学养殖,实现了大黄鱼的高产与优质目标,为品牌建设提供了坚实的产品基础。同时,生产者积极参与品牌建设,通过行业协会的组织,共同维护"宁德大黄鱼"的品牌形象。一些年轻养殖户还通过互联网平台分享养殖经验,吸引更多人加入大黄鱼产业,为品牌发展注入新的活力。

四、宁德大黄鱼产业发展成效

宁德大黄鱼产业经过多年发展,已成为宁德市乃至福建省的重要支柱产业。宁德市凭借得天独厚的自然条件和先进的养殖技术,成为我国最大的大黄鱼育苗和养殖基地。宁德市已成为全国最大的大黄鱼人工育苗、养殖、加工、销售和出口基地,其产品远销韩国、美国等 60 多个国家和地区。宁德大黄鱼产业相关从业人员超过 30 万人,该产品成为当地名副其实的"致富鱼"和"振兴鱼"[①]。

在技术创新方面,宁德市通过大规模海上养殖综合整治,推动了养殖设施的升级,改善了水质和养殖环境。同时,宁德市积极引入智能化技术,推动大黄鱼产业向数字化转型,并通过"一品一码"可追溯体系,实现了从养殖源头到消费终端的全程质量监管。宁德市还拥有全国最大的大黄鱼原良种活体种质库、国家级大黄鱼遗传育种中心以及海水养殖生物育种全国重点实验室,"宁芯"系列育种芯片技术领先全国其他地区。

在品牌建设方面,宁德市通过举办大黄鱼文化节、产业宣传推广周等活动,发布大黄鱼产业蓝皮书、产品标准蓝皮书以及公共品牌标志,进一步提

---

① 福建日报.聚焦宁德大黄鱼:何以走俏全国? [EB/OL].(2023 - 06 - 15)[2025 - 02 - 07].https://www.ningde.gov.cn/zwgk/gzdt/jryw/202306/t20230615_1769303.htm.

升了宁德大黄鱼的知名度和影响力。同时,宁德市还积极拓展深远海养殖,优化养殖环境,使大黄鱼品质更接近野生标准。

第二节 乳 山 牡 蛎

牡蛎亦称生蚝,因丰富的营养价值在法国被誉为"海中之奶"。我国亦有"冬至至清明,蚝肉肥润美"的民谚流传。山东省乳山市是著名的"中国牡蛎之乡",其牡蛎养殖面积、产量和产值均居全国县级行政区首位[①]。2023年,乳山牡蛎品牌价值突破 193.85 亿元,位居国家地理标志牡蛎品牌价值排行榜榜首[②]。

一、乳山牡蛎品牌发展概况

乳山位于北纬 37 度的山东半岛黄金南海岸,坐拥近 200 公里的海岸线与 170 万亩符合国家一类海水水质标准的海域,是世界顶级牡蛎产区之一。出产的牡蛎以个大肥美、肉质爽滑、味道鲜甜著称,深受国内外消费者的青睐。乳山先民早在 6800 年前就开始大量采食牡蛎,牡蛎的人工养殖史更可追溯至北宋时期[③]。随着时间的推移,乳山人民在长期的生产实践中积累了丰富的牡蛎养殖经验和技术。20 世纪 70 年代,乳山率先启动了牡蛎滩涂养殖模式,通过不断探索,又研发推广了生态疏养、"秋播冬收"养殖与三倍体单体牡蛎浅海筏式养殖等多项新技术。截至 2024 年 12 月,乳山牡蛎养殖海域面积达 60 万亩,年产量 50 万吨,年产值达 50 亿元[④]。牡蛎鲜品和加工品畅销全国及日韩、东南亚等 15 个国家和地区[⑤]。乳山牡蛎产业已初

① 央视点赞:日销售超 300 吨,看乳山牡蛎如何借网发力![EB/OL].威海新闻网,(2020 - 03 - 20)[2025 - 01 - 23].https://www.whnews.cn/news/node/2020 - 03/20/content_7128174.htm.
② 193.85 亿元!乳山牡蛎"登顶"国家地理标志品牌价值排行榜[EB/OL].威海新闻网,(2023 - 09 - 06)[2025 - 01 - 23].https://www.weihai.gov.cn/art/2023/9/6/art_58817_3941265.html.
③ 为什么是"乳山牡蛎"?[EB/OL].大众网,(2023 - 12 - 27)[2025 - 01 - 23].https://weihai.dzwww.com/whxw/202312/t20231229_13425845.htm.
④ 政产研金联动 助力乳山牡蛎产业可持续发展[EB/OL].乳山市融媒体中心,(2024 - 12 - 16)[2025 - 01 - 23].http://www.rushan.gov.cn/art/2024/12/16/art_51289_5107925.html.
⑤ 山东唯一一海产品!乳山牡蛎亮相 2021 年中国品牌日[EB/OL].威海新闻网,(2021 - 05 - 12)[2025 - 01 - 17].https://www.weihai.gov.cn/art/2021/5/12/art_58817_2593940.html.

步形成含育苗育种、养殖、加工、销售、废弃物利用、包装辅料、文化旅游七大关键环节的产业链,全产业链产值超过百亿元①,是乳山市海洋经济的支柱产业和富民产业。

二、乳山牡蛎品质优良的原因

乳山牡蛎具有个大肥满、肉质爽滑、味道鲜甜等独特品质,含有的蛋白质、牛磺酸、锌、铁、硒等主要营养指标明显优于常规海产品及国内同类牡蛎。乳山牡蛎优异的品质离不开乳山得天独厚的牡蛎养殖环境、优良牡蛎品种的培育以及生态健康的养殖模式。

(一)得天独厚的养殖环境

乳山牡蛎的卓越品质离不开其得天独厚的养殖环境。乳山牡蛎主要养殖物种是长牡蛎,该品种喜盐度较低的海水,多栖息在潮间带、岩礁或沙质海底中。乳山牡蛎的养殖区主要分布在东至浪暖口、西至乳山口的开阔海域内,属于黄海北部冷温水域,潮流通畅,水交换条件良好,水质洁净,主要理化指标达到国家一类海水标准。海水的温度、盐度适中,表层年均水温为13.5℃,年均盐度为29.3‰。海底坡度平缓,泥沙底质,水深 6～15 米。同时,乳山河与黄垒河对乳山湾呈"两河夹抱"入海之势,大量营养物质汇入海湾形成 170 万亩一类养殖海域,造就了世界顶级牡蛎产区。这使得乳山牡蛎完全靠滤食微藻等天然饵料生长,与野生牡蛎的生长条件如出一辙。优越的生长条件造就了乳山牡蛎个体大、肥满度高、肉质爽滑、味道鲜美等优异品质。

(二)牡蛎优良品种的培育

为了推进牡蛎产业的健康发展,乳山市先后引进了"海大 1 号""海大 2号""海大 3 号""海蛎 1 号""前沿 1 号"等新品种,良种覆盖率达 92%②,三倍体牡蛎占比约为 80%,特色品种占比约为 15%③,显著提高了牡蛎的生长

---

① 政产研金联动　助力乳山牡蛎产业可持续发展[EB/OL].乳山市融媒体中心,(2024 - 12 - 16)[2025 - 01 - 23].http://www.rushan.gov.cn/art/2024/12/16/art_51289_5107925.html.
② 王航宁,于成松,张帆,等.乳山牡蛎"高品质产出＋区域品牌建设"模式的构建与应用[J].中国水产,2024(3):49 - 52.
③ 徐雯雯,郑富强,王晓通,等.乳山牡蛎新"三品一标"实践经验解析[J].中国水产,2024(11):51 - 54.

效率和品质。

"海大1号"三倍体单体牡蛎是由中国海洋大学李琪教授团队以山东乳山海区自然采苗养殖的长牡蛎为基础群体,运用四倍体和二倍体杂交技术及单体苗种技术生产出的单个游离、无固着基的全自然三倍体牡蛎,既具有三倍体牡蛎生长快、个体大、肥度高、育性差的优点,也具有单体牡蛎大小均匀、壳型规则美观的特点,十分适合高端牡蛎市场需求[①]。"前沿1号"是青岛前沿海洋种业有限公司以及中国科学院海洋研究所等单位培育出的三倍体牡蛎新品种。该品种突破了长牡蛎夏季无法上市的技术瓶颈,是优良的全天候养殖品种,实现了牡蛎四季常肥。此外,为了提升乳山牡蛎种质多样性和产品的丰富度,为消费者提供更多差异化选择和更好的消费体验,乳山市还引进了中国海洋大学、鲁东大学、中国科学院海洋研究所等单位培育的新牡蛎品种,包括金黄壳色的长牡蛎新品种"海大2号"、亮黑壳色的长牡蛎新品种"海大3号"、外壳、外套膜、闭壳肌均为黑色的长牡蛎新品系"三黑牡蛎"与高糖原含量的长牡蛎"海蛎1号"等。

(三)生态健康的养殖模式

乳山市是世界上首个采用外海离岸浮筏吊笼养殖牡蛎的地区。牡蛎的外海离岸养殖,破解了原本只能在近岸养殖的难题,推动牡蛎养殖向较远海域发展,海上粮仓的大幅度扩容,既保障了产业的规模化发展空间,维持了海洋生态的平衡,又提升了牡蛎品质。

同时,乳山市制定了《三倍体单体牡蛎浅海筏式养殖技术规范》及牡蛎生态疏养技术规程,大力推广生态疏养和精细化、精品化养殖,提高乳山牡蛎品质品相,实现牡蛎养殖与生态环境协调发展。

一是研发推广牡蛎浅海筏式生态疏养技术,基于养殖海域承载力评估数据,对养殖生产单元面积、单元内筏架数量、筏架长度、单筏养殖笼具数量及规格、投苗量、投苗及分苗时间节点、日常管理等关键技术节点进行量化约束,牡蛎平均规格和肥满度提高20%以上。

二是研发推广高质牡蛎塑形养殖技术,经塑形网笼自然打磨壳形外观,

[①] 威海市海洋发展局.乳山市推动高端三倍体单体牡蛎规模化养殖[EB/OL].(2023 - 10 - 07)[2025 - 01 - 17].https://www.weihai.gov.cn/art/2023/10/7/art_58818_4132605.html.

同时出肉率可达18％以上,牡蛎的品质和品相同时提升,有效打破高端生食市场被进口牡蛎垄断的局面。

三是研发推广三倍体单体牡蛎浅海筏式养殖技术,通过应用网袋、网笼接力养殖,严格控制投苗量、分苗时间,加强关键节点日常管理等技术措施,使三倍体单体牡蛎成活率由不足30％提高到70％,推动单体牡蛎养殖规模化推广,高端牡蛎产量显著提升[1]。

三、乳山牡蛎品牌建设模式

乳山牡蛎品牌的成功绝非偶然。当地政府与行业协会及企业紧密合作,围绕"乳山牡蛎"品牌建设,探索品牌推广、保护、产业链整合与融合发展模式,借助电商助力产业发展,依托当地丰富的滨海旅游资源打造文旅融合发展新业态,成立牡蛎产业党建联盟,串联起牡蛎上下游党组织,推动牡蛎产业不断升级发展。

（一）乳山牡蛎品牌推广

自2014年起与专业传媒机构合作,乳山市连续举办多届"乳山(国际)牡蛎文化节""乳山牡蛎品鲜季""乳山牡蛎上市(北京)品鲜荟"等节庆宣传活动,将品牌经济与文旅产业融合发展。同时,乳山市还举办多届"海洋经济论坛""中国牡蛎产业高峰对话""中国牡蛎产业国际高峰论坛""国际牡蛎研讨会"等产业大会,加强产业学术交流,提高乳山牡蛎品牌知名度。此外,乳山市聘请专业团队策划"乳山牡蛎体验之旅"线路,推出"牡蛎美食嘉年华""牡蛎＋干白""牡蛎＋温泉"等系列旅游产品,助力乳山牡蛎区域品牌建设和蓝色经济发展[2]。

（二）乳山牡蛎品牌保护

为保护牡蛎品质和品牌声誉,乳山从标准引领、防伪追溯、监管维权三方面发力。

其一,通过深化产学研合作,制定牡蛎养殖地方标准,推广生态养殖技术。乳山市制定并推广了《地理标志产品乳山牡蛎》和《单体三倍体牡蛎浅

---

① 徐雯雯,郑富强,王晓通,等.乳山牡蛎新"三品一标"实践经验解析[J].中国水产,2024(11):51-54.
② 徐雯雯,郑富强,王晓通,等.乳山牡蛎新"三品一标"实践经验解析[J].中国水产,2024(11):51-54.

海筏式养殖技术规范》2 个山东省地方标准,以龙头企业为依托,采取"协会＋龙头企业＋合作社＋养殖户"的方式,对养殖区实行"统一布局规划、统一技术规范、统一质量标准、统一地理标识"的标准化生产模式,获批"乳山牡蛎养殖省级农业标准化试点",为乳山牡蛎品质提升奠定了坚实基础。

其二,引入防伪技术建立追溯平台,规范品牌形象标志,已有 245 家加工厂应用了防伪溯源系统,有效处理纠纷 140 余起。

其三,建立"政府＋协会"联动监管模式,开展专项执法检查,查办商标侵权行为,制定维权管理办法,形成完备的法律支撑体系,跨区域维权提起诉讼 160 起[①]。乳山的品牌监管保护经验获得了国家知识产权局和农业农村部的认可。

(三)产业链整合与融合发展

围绕牡蛎产业"规范化、集约化、绿色化"发展,乳山市先后投资了 7.1 亿元在全国率先规划建设 6 处总面积约 2 200 亩的牡蛎产业融合发展示范区。全部建成后可容纳近 500 户养殖户,能够满足全市 80％以上养殖户的入园需求,实现生态环保兼顾、统筹发展和安全、集约高效运营的目标。以南泓北村牡蛎融合发展示范区为例,项目投资 3.11 亿元,占地 571 亩,采用"国企统筹建设、大型企业自建、中型企业购置、小微企业租赁"的模式,科学设置入海通道、清洗平台、物资安放、加工物流、牡蛎壳处理等五大功能分区以及 6 000 米污水处理管网、三级沉淀池等基础设施,为其他园区建设树立了标杆[②]。

乳山市创新了"互联网＋电商＋牡蛎产业园"模式,集聚了一批牡蛎线上销售企业。乳山全市牡蛎电商从业人员达 3 000 人,电商年销售牡蛎达 3 亿斤,电商销售额超过 30 亿元,线上市场占有率超过 70％[③]。乳山牡蛎的网络搜索量、排名、订单量均远超国内其他牡蛎知名产地,品牌辐射力和影

① 乳山市市场监督管理局.乳山市"四维一体"赋能乳山牡蛎高质量发展[EB/OL].(2023－08－04)[2025－01－17].http://www.rushan.gov.cn/art/2023/8/4/art_79030_3860706.html.
② "县域经济高质量发展的山东实践"之乳山:"海陆"联动做强"乳山牡蛎"品牌[EB/OL].中国发展网,(2024－08－07)[2025－01－17].http://fzdh.chinadevelopment.com.cn/cyyq/2024/0807/1906366.shtml.
③ 如何"链"起百亿级产业:山东乳山市多措并举打造"乳山牡蛎"品牌[EB/OL].农民日报,(2022－12－12)[2025－01－17].http://www.brand.zju.edu.cn/2022/1212/c57338a2701347/page.htm.

响力逐年扩大。

依托当地丰富的滨海旅游资源,乳山积极探索"牡蛎＋旅游""牡蛎＋养生"等新路径,打造文旅融合发展新业态。乳山在拥有"江北牡蛎第一镇"之称的海阳所镇建设了以牡蛎产业为核心的牡蛎小镇,构建了国内首个以"牡蛎文化"为主题的文旅产业园区牡蛎欢乐城。同时,当地还对海岸线沿岸码头设施和餐饮景点进行提档升级,建设集休闲旅游、海上垂钓等于一体的综合性休闲度假园区,促进牡蛎产业向纵深发展①。

乳山市成立了全省首个牡蛎产业党建联盟,推行"龙头企业＋合作社＋养殖户"模式,在产业上下游串起育苗育种企业、科研院所、电商、物流、文旅公司等党组织,年产销牡蛎 20 余万吨,产值约 20 亿元,带动村集体和群众增收 1 200 余万元②。

四、乳山牡蛎产业发展成效

通过多方合作和共同努力,乳山牡蛎品牌已然成了中国牡蛎产业一张亮丽的名片。乳山牡蛎畅销全国乃至海外,自 2009 年获批国家地理标志证明后,乳山牡蛎不断获得其他荣誉。如今,乳山牡蛎的品牌价值已达百亿元,更是渔业增效、渔民增收和乡村振兴的重要抓手。

（一）乳山牡蛎的销售情况

乳山牡蛎销售范围覆盖了国内大中城市和大多县级城市,在国际市场也占有一席之地。乳山牡蛎鲜品销售覆盖北京、上海、杭州、广州、西安、成都、深圳、厦门等国内大中城市,在高端市场的占有率居国产牡蛎第一位。乳山牡蛎相关加工企业主要生产单冻牡蛎肉、半壳牡蛎、牡蛎肽、牡蛎精华素以及以牡蛎壳为原料加工的土壤调理剂、饲料添加剂等多种产品,产品畅销日本、韩国以及东南亚等 15 个国家和地区③。随着牡蛎鲜品电商销售的

---

① 乳山小牡蛎"链"起百亿级产业[EB/OL].威海新闻网,(2020－11－30)[2025－01－17].https://www.weihai.gov.cn/art/2022/11/30/art_58817_3207165.html.
② "县域经济高质量发展的山东实践"之乳山:"海陆"联动做强"乳山牡蛎"品牌[EB/OL].中国发展网,(2024－08－07)[2025－01－17].http://fzdh.chinadevelopment.com.cn/cyyq/2024/0807/1906366.shtml.
③ 山东唯一海产品！乳山牡蛎亮相 2021 年中国品牌日[EB/OL].威海新闻网,(2021－05－12)[2025－01－17].https://www.weihai.gov.cn/art/2021/5/12/art_58817_2593940.html.

快速发展,乳山市牡蛎电商从业人员达 0.3 万人,年电商销售牡蛎达 3 亿斤,电商销售额超过 30 亿元。鲜品上岸后,直接进入烟台、威海、城阳等地水产批发市场的销售量约为 3 万吨,进入初级加工厂的销售量约为 42 万吨,用于加工冷冻半壳牡蛎、牡蛎罐头、牡蛎肽等深加工用量约为 5 万吨[①]。

（二）乳山牡蛎的品牌荣誉

乳山牡蛎已在全国形成了品牌领先优势。2009 年 2 月,"乳山牡蛎"荣获国家工商总局(现为国家市场监督管理总局)批准,正式成为国家地理标志证明商标。这标志着"乳山牡蛎"成为全国牡蛎类产品中首个获得此类认证的产品,同时也是首批获得国家地理标志证明的水产类商品之一。此后,乳山牡蛎品牌不断获得多项荣誉,包括"最具影响力水产品区域公用品牌""山东省优秀地理标志产品""中华品牌商标博览会金奖"等。2022 年,乳山牡蛎品牌更是入选"好品山东"品牌、"全国名特优新农产品",并被认定为"中国驰名商标"。此外,乳山市还入选了"首批山东省特色农产品(牡蛎)优势区""国家地理标志产品保护示范区",获评"中国牡蛎之乡",其品牌影响力显著提升。

（三）乳山牡蛎的品牌价值

乳山牡蛎的品牌价值已达 193.85 亿元,位居国家地理标志牡蛎品牌价值排行榜榜首[②]。乳山牡蛎产业不仅在规模、产量、效益、品牌上全方位领先,更是带动了当地渔业经济发展和渔村振兴,产业上下游有效带动 2 万余名从业者年均增收近 12 亿元[③],实现了渔业增效、渔民增收,是乳山市海洋经济支柱产业和富民产业,亦是"一县一业"样板和乡村振兴的重要抓手。

第三节 潜 江 龙 虾

龙虾是湖北省潜江市的特产。从 2000 年潜江市开展稻田养虾开始,经

---

① 乳山牡蛎产业发展情况介绍[EB/OL].乳山市牡蛎协会,(2024 - 11 - 07)[2025 - 01 - 17].https://www.rssmlxh.cn/?id=3654.

② 政产研金联动　助力乳山牡蛎产业可持续发展[EB/OL].乳山市融媒体中心,(2024 - 12 - 16)[2025 - 01 - 23].http://www.rushan.gov.cn/art/2024/12/16/art_51289_5107925.html.

③ 徐雯雯,郑富强,王晓通,等.乳山牡蛎新"三品一标"实践经验解析[J].中国水产,2024(11):51 - 54.

过 20 多年的探索发展,潜江市已建成集选育繁育、生态种养、加工出口、餐饮美食、冷链物流、精深加工、电子商务、研学旅行、节会文化于一体的"虾—稻"完备产业链。2024 年,"潜江龙虾"区域公用品牌价值达 422.29 亿元①。龙虾产业成为潜江市农业支柱产业、地方特色产业、农民致富产业。

一、潜江龙虾品牌发展概况

潜江市凭借得天独厚的水资源禀赋与独特的地理环境,为龙虾的生长发育构筑了自然条件极为优越的生态基础。自 20 世纪 50 年代被引入潜江地区以来,小龙虾种群在当地迅速繁衍壮大。历经多年发展,潜江龙虾现已跻身为潜江市具有显著地域特色的农产品品牌。

（一）潜江龙虾的起源与发展

潜江龙虾原名克氏螯虾,俗称小龙虾,原产于北美洲,20 世纪 30 年代被日本引入作为牛蛙饵料,后传入中国,20 世纪 50 年代开始传入潜江。凭借强大的适应能力,小龙虾在中国迅速扩散,但最初被视为"庄稼之害"。20世纪 80 年代,湖北潜江人开始将小龙虾纳入食谱,特别是江汉油田家属们最早开始炒制小龙虾。1998 年,在潜江五七油田附近的一家大排档上,李代军创新性地用油焖仔鸡的方法制作小龙虾,成功推出油焖大虾,迅速风靡湖北餐饮界,并逐渐走向全国。从 2000 年开始,潜江市逐步建立了"虾稻连作"模式,开展稻田养虾,后又发展为"虾稻共作"模式。2010 年 5 月,湖北潜江市被评定为"中国小龙虾之乡"。

（二）潜江龙虾的生长环境

潜江市地势低平,在地质构造上属于强烈下沉形成的凹陷,古称"云梦泽"。潜江市的主要土壤类型为潮土土类和水稻土土类,其中潮土土类占当地耕地面积的 44.7%,水稻土土类占当地耕地面积的 55.2%,水稻土土类多分布在低湿、滨湖地带②,常年积水,为龙虾的生长、繁育提供了优越的生态

---

① 湖北日报.2024 湖北"潜江龙虾"产业博览会举行[EB/OL].(2024－05－19)[2025－03－17].https://epaper.hubeidaily.net/pc/content/202405/19/content_274136.html.

② 中国农产品地理标志网.潜江龙虾[EB/OL].(2021－10－11)[2025－03－17].http://www.cpgi.org.cn/?c＝i&a＝detail&cataid＝15&id＝3089.

环境,造就了潜江龙虾尾肥体壮、爪粗壳薄、鳃丝洁白、色泽明亮、肉质鲜美的特点,深受国内外消费者的青睐。

（三）潜江龙虾养殖情况

2023 年,潜江市小龙虾养殖总面积达 91.4 万亩,其中池塘养虾面积达 5 万亩,虾稻共作面积达 86.4 万亩,虾稻产业综合产值达 750 亿元,从业人员有近 20 万人,建成了 13 个万亩和 70 个千亩集中连片虾稻共作标准化生态种养基地,形成了布局合理、集中连片、产销功能齐全的潜江龙虾养殖新格局[①]。潜江虾稻共作生态种养模式带动全省"虾稻共作"面积 800 万亩、全国 2 000 多万亩[②]。潜江荣获首批国家级水产健康养殖和生态养殖示范区称号,并先后获评中国小龙虾之乡、中国虾稻之乡、中国小龙虾加工出口第一市、中国小龙虾美食之乡,"潜江龙虾"区域公用品牌获国家地理标志证明商标注册,荣获中国驰名商标称号,纳入国家农业品牌精品培育计划。

二、潜江龙虾品质优良的原因

潜江市围绕"养好虾、养大虾"的目标,积极推动小龙虾品种培育核心技术的攻关突破,并实施小龙虾量质提升工程。潜江市深化产学研合作,稳步推进虾稻共作模式的转型升级,同时加强养殖模式的创新和推广工作。在此过程中,潜江市创新推出了虾稻共作的标准模式、立体模式以及复合模式。此外,潜江市还加强了对龙虾产业的质量安全监管,确保全产业链的安全。

（一）优良品种研发

为保持潜江小龙虾产业领先优势,潜江市加强与武汉大学、华中农业大学、中国水产科学研究院长江水产研究所等科研院校的合作,加大小龙虾产业科技研发力度,先后建成湖北省小龙虾产业技术研究院、湖北省虾稻产业链企校联合创新中心等创新平台,为小龙虾产业从实验室到产业化提供国

---

① 潜江市人民政府.潜江龙虾产业发展概况［EB/OL］.(2023 - 12 - 14)［2025 - 01 - 17］.https://www. hbqj.gov.cn/xwzx/ztbd/qjlxsjgx/cygk/202312/t20231214_5004585.html.

② 潜江市人民政府.潜江龙虾产业发展概况［EB/OL］.(2023 - 12 - 14)［2025 - 01 - 17］.https://www. hbqj.gov.cn/xwzx/ztbd/qjlxsjgx/cygk/202312/t20231214_5004585.html.

内一流的选育、繁育、养殖、加工、品牌等关键技术的专业化服务。目前,潜江已建成全国规模最大的小龙虾良种选育繁育中心,与湖北省农科院开展"院市科技共建",成功选育"虾稻1号"优质品种并大面积推广,为满足长江流域及全国小龙虾养殖的苗种需求提供了保障。

（二）养殖模式创新

潜江市在小龙虾养殖方式上不断创新,形成了多种高效、环保的养殖模式。其中最具代表性的是"虾稻共作"模式。这种模式充分利用稻田的生态环境,在稻田中养殖小龙虾,既提高了稻米的品质,又增加了小龙虾的产量。同时,由于小龙虾在稻田中活动,还能帮助除草、松土、增肥,减少了化肥和农药的使用,达到了生态循环的目的。

虾稻共作模式分为标准模式、立体模式和复合模式。标准模式严格按照虾稻共作标准化养殖技术规程,实现一季稻二季虾。通过合理控制养殖密度和捕捞时间,确保存田亲本种虾达到合理的繁殖密度,从而保障小龙虾的均衡上市和稻田的可持续利用。2023年底,潜江市虾稻共作标准模式养殖面积达到72.9万亩,亩均收入达到3 507元[①]。

"虾+稻+N"立体共作模式,即在虾稻共作的基础上引入牛蛙、黄鳝、田螺等水生经济动物进行立体养殖。如虾稻鳝立体模式,利用鳝鱼等经济价值较高且能捕食虾苗等水生动物的特性,合理调节小龙虾养殖密度。这种模式充分利用了水稻种植生长时间和空间上的空隙,不仅提高了小龙虾的产量和品质,还增加了稻田的综合效益和经济效益。2023年底,全市虾稻共作立体模式养殖面积达到2.1万亩,亩均收入达到3 782元[②]。

"虾稻共作+虾稻连作"复合模式,选取保水性能好、水源充足、排灌方便的冬季空闲田进行改造,实现小龙虾和水稻的轮作。这种模式提高了土地利用率和产出效益,进一步促进了农民增收。

---

① 湖北省生态环境厅.湖北省生态省建设终期评估系列之十一|湖北潜江：虾稻共作养殖模式转型升级[EB/OL].(2024-09-09)[2025-01-17].https://sthjt.hubei.gov.cn/dtyw/stdt/202409/t20240909_5330165.shtml.

② 湖北省生态环境厅.湖北省生态省建设终期评估系列之十一|湖北潜江：虾稻共作养殖模式转型升级[EB/OL].(2024-09-09)[2025-01-17].https://sthjt.hubei.gov.cn/dtyw/stdt/202409/t20240909_5330165.shtml.

潜江市还推广了稻虾共作繁养分离模式,旨在精准有效地减少虾苗数量,降低生长密度,保障小龙虾的"长大"。通过科学投喂和合理管理,提高了小龙虾的成活率和品质。这种模式不仅提升了小龙虾的产量和效益,还促进了稻田生态系统的可持续发展。

为了克服小龙虾养殖的季节性限制,潜江市联合多家科研单位创新了池塘精养、温棚土池和工厂化等特色养殖模式,重点攻关"四季有虾"。这些模式通过控制温度、调节水质、优化饵料等手段,实现了小龙虾的全年养殖和供应。例如,温棚土池养殖模式利用温控优势,结合水草立体化种植、精准营养与投喂等关键技术,实现了大规格优质苗种的规模化生产和高品质成品虾的四季供应。

(三)质量安全监管

在当地政府的支持下,潜江市大力实施龙虾全产业链"标准化＋"发展战略,建立起了 185 项涵盖生产环境到种养技术、加工工艺到市场交易、传统产品到衍生产品标准的潜江龙虾全产业链标准体系。

《潜江龙虾全产业链标准体系》包含基础通用标准、生态及产地环境标准、生产技术标准、产品标准、流通交易标准、产业衍生标准 6 个子体系。其中,潜江已主导编制 40 项湖北省地方标准、团体标准、联盟标准,覆盖了生产环境到种植技术、加工工艺到市场交易、传统产品到衍生产品等领域[1]。

潜江龙虾养殖基地坚持标准化生产,均通过了农业农村部无公害产地认定和产品认证,是全国小龙虾标准化养殖示范区。为了确保潜江龙虾的质量安全,潜江市还建立健全了水产品质量安全可追溯体系,现已建成了 20个水产品质量安全可追溯基地和 1 个市水产品质量可追溯中心控制平台。

潜江市坚持"养虾先养水、好水养好虾",大力实施全域水体连通工程,实现"一江清水灌虾田",潜江龙虾产品在部分省市抽检合格率达 100％,出口欧盟 135 项检测指标全部达标,在 2017 年被列为中欧互认免检农产品[2]。

---

① 强化标准引领作用 湖北潜江市助推"潜江龙虾"产业高质量发展[EB/OL].中国食品安全网,(2024 - 07 - 01)[2025 - 01 - 17].https://www.cfsn.cn/news/detail/813/253949.html.
② 潜江市人民政府.潜江龙虾产业发展概况[EB/OL].(2023 - 12 - 14)[2025 - 01 - 17].https://www.hbqj.gov.cn/xwzx/ztbd/qjlxsjgx/cygk/202312/t20231214_5004585.html.

三、潜江龙虾品牌建设模式

潜江市高度重视"潜江龙虾"品牌建设,深度实施"互联网＋小龙虾"战略举措,依托电商物流体系,积极促进产业数字化转型,探索新的经营模式,全力提升品牌竞争力。

（一）经营模式创新

潜江市大力推进"互联网＋小龙虾"行动计划,构建区域一体化、内外一体化、线上线下融合发展的小龙虾产业发展新格局。

潜江市政府扶持建立了虾谷360、星抖直播基地等网上交易平台,依托潜网集团,建成了目前全国最大的小龙虾专业交易市场——潜网集团中国小龙虾交易中心。该交易中心已开通物流直达专线到全国所有省会城市,18小时内可将鲜活潜江龙虾供应到全国600多个城市。交易中心在高峰期日均交易量达1 500吨,2022年销售鲜活小龙虾突破23万吨,销售额超135亿元,被评为全国农业农村信息化示范基地。潜江市抢抓新型经济业态发展机遇,精心组织各类直播带货活动,成功拓宽市场渠道,引爆电商消费市场,潜江龙虾产品电商平台年销售量达16.5万吨,销售额达65亿元,为潜江虾—稻产业高质量发展插上了互联网的翅膀,率先实现成功突围[①]。

潜江市还探索出了"中央厨房＋餐饮连锁"的经营模式,大力发展、培养、扶持、推广可控性较强的小龙虾拳头品牌,打造"中央厨房"原辅料全国统一配给体系。潜江龙虾餐饮直营和加盟店遍布全国数百个城市,超3 000家[②]。以直营模式、连锁模式、配送模式迅速打开市场,抢占小龙虾主题餐饮业制高点。潜江龙虾先后走进北京、上海、重庆、广州、香港、台湾等地,还走出国门亮相纽约时代广场,出口欧盟等地,与世界分享。

（二）品牌推广打造

"潜江龙虾"早在2012年就荣获国家地理标志证明商标,于2018年获中

---

① 潜江市人民政府.潜江龙虾产业发展概况[EB/OL].(2023－12－14)[2025－01－17].https://www.hbqj.gov.cn/xwzx/ztbd/qjlxsjgx/cygk/202312/t20231214_5004585.html.
② 湖北日报.2024湖北"潜江龙虾"产业博览会举行[EB/OL].(2024－05－19)[2025－03－17].https://epaper.hubeidaily.net/pc/content/202405/19/content_274136.html.

国驰名商标,在 2020 年被列为中欧互认免检农产品地理标志产品,在 2025 年更是凭借卓越的品牌声誉和综合实力夺得区域公用品牌声誉百强榜榜首位置①。

为保持潜江龙虾产业的领先优势,湖北省政府工作报告在 2018—2021 年 3 次提出支持"潜江龙虾"打造区域公用品牌,并出台了《湖北省推广"虾稻共作稻渔种养"模式三年行动方案》《湖北省农产品品牌三年培育方案》等重要文件,提出将潜江龙虾打造成省级核心大品牌,使之成为"中国第一、世界有名"的水产品区域公用品牌。湖北省政府还加大了广告宣传投入,在中央电视台综合频道、新闻频道《新闻联播》前投放潜江龙虾的广告。此外,湖北省积极开展潜江龙虾品牌"走出去"战略,鼓励市域内小龙虾加工企业、餐饮企业、物流企业等到外地建分厂、建基地,着力推动潜江龙虾品牌和标准向市外延伸。

四、潜江龙虾产业发展成效

经过 20 多年的探索、创新和发展,潜江市 2024 年虾稻综合产值达到 870 亿元②。潜江市先后被评为中国小龙虾之乡、中国小龙虾美食之乡、中国小龙虾加工出口第一市、中国小龙虾产业第一强市。潜江龙虾产业已成为潜江农业经济的支柱产业、特色产业,以虾稻产业链为主导,带动农民就业增收,推动一、二、三产深度融合。

(一)农民增收,推动一产养殖合作

近年来,潜江龙虾产业迅猛发展,已经成为带领农民增收致富、带动乡村全面振兴的成功典范。潜江市绿途虾稻共作农民专业合作社位于潜江市熊口镇赵脑村。该合作社通过整合国土、交通、水利等各种资源,将沟渠农田进行了整体打造,昔日散乱的旧村庄变身为标准化养殖基地,真正呈现了"田成方、树成行、路相通、渠相连、旱能灌、涝能排"的现代田园风光。合作

---

① "潜江龙虾"全国榜首![EB/OL].潜江新闻网,(2025 - 01 - 15)[2025 - 01 - 17].https://www.hbqj.gov.cn/xwzx/jrqj/qjyw/202501/t20250115_5504042.html.
② 市小龙虾产业发展促进中心 2024 年工作总结及 2025 年重点工作[EB/OL].潜江市人民政府网站,(2024 - 11 - 10)[2025 - 01 - 17].https://www.hbqj.gov.cn/xwzx/ztbd/qjlxsjgx/ghzj/202411/t20241111_5407004.html.

社按照"统一机械施工、统一种养标准、统一供应农资、统一服务与管理、统一收购产品、统一产品品牌"的经营管理模式,为养殖户提供全程的机械化耕种服务和农资供给、技术培训,保障基地的标准化生产和农产品质量安全,经济效益、社会效益、生态效益凸显。通过发展龙虾产业地理标志农产品,赵脑村农民人均年收入达 28 000 元,村集体每年增加收入 100 万元,综合服务效能大大提高,被农业农村部认定为全国一村一品示范村[①]。

（二）精深加工,拓展二产发展空间

潜江市依托武汉大学、华中农业大学、武汉轻工大学等科研机构,开展加工设备、精深加工、风味食品等关键技术攻关,加快推动小龙虾加工业向自动化、智能化转型,延伸拓展即食产品、调味料、甲壳素、壳聚糖等初加工产品,创新推出保健食品、化妆品、医药品等精深加工产品,进一步提高产品附加值[②]。

潜江市现有小龙虾加工企业 48 家,年加工能力达到 80 万吨[③],拥有国家级农业产业化龙头企业 2 家,省级农业产业化龙头企业 11 家,拥有整肢虾[④]、虾仁、甲壳素及衍生品等系列产品有 60 多种。潜江市高标准规划建设占地约 3 000 亩、总投资 26.28 亿元的现代农业科技示范园,这是全国最大的示范园之一[⑤]。

潜江龙虾加工出口量连续多年领跑全国,在世界淡水小龙虾产品市场拥有较强的话语权。小龙虾控股集团、华山科技、新柳伍集团等多家企业获得对美、欧、日本、韩国等国外市场的水产食品自营出口权,产品通过了危害分析与关键控制点（HACCP）国际质量监控体系认证和美国食品药品监督

① 沈熙,周先竹,廖显珍,等.农产品地理标志品牌建设的经验和启示:以潜江龙虾为例[J].中南农业科技,2023,44(7)：60 - 62.
② 湖北省农业农村厅.中国乡村振兴报道:振兴看成效|潜江市小龙虾"论吨卖"也"论顿卖"[EB/OL].(2022 - 07 - 26)[2025 - 01 - 17].https://nyt.hubei.gov.cn/bmdt/yw/mtksn/202207/t20220726_4235844.shtml.
③ 市小龙虾产业发展促进中心 2024 年工作总结及 2025 年重点工作[EB/OL].潜江市人民政府网站,(2024 - 11 - 10)[2025 - 01 - 17].https://www.hbqj.gov.cn/xwzx/ztbd/qjlxsjgx/ghzj/202411/t20241111_5407004.html.
④ 整肢虾是小龙虾初级加工产品中的一种。小龙虾初级加工产品主要有虾尾(只去头、不去壳)、虾仁(去头、去壳)和整肢虾(不去头、不去壳)三大类。
⑤ 潜江市人民政府.潜江龙虾产业发展概况[EB/OL].(2023 - 12 - 14)[2025 - 01 - 17].https://www.hbqj.gov.cn/xwzx/ztbd/qjlxsjgx/cygk/202312/t20231214_5004585.html.

管理局(Food and Drug Administration,FDA)等国际认证。交投莱克、华山科技两家公司是"国家级农业产业化重点龙头企业",获英国零售商协会(British Retail Consortium,BRC)认证,产品可直接进入欧美超市。

潜江市还是全国唯一的淡水甲壳素精深加工基地,甲壳素及其衍生物正在形成一个新兴产业,具有十分广泛的应用领域。小龙虾高附加值加工项目的投产和启动,大大提高小龙虾产品的附加值,提高了潜江市水产品加工企业的出口创汇和抗击金融危机风险的能力。

（三）服务增色,提高三产经济效益

近年来,潜江市深入挖掘潜江龙虾美食文化,不仅创造了独特的文创产品,还建起了专门的展示中心。潜江市还积极开发龙虾文旅融合休闲农业示范点,精心打造了一批地标性龙虾文化旅游景点,推出了很多条精品主题旅游线路。目前,潜江市已建成了全国最大的以龙虾文化为主题,集生态度假旅游、龙虾美食、文化展示、娱乐购物于一体的生态龙虾城。生态龙虾城里聚集了以"虾皇""楚虾王""潜阳城"等为代表的潜江龙虾餐饮名店,成为全国最著名的小龙虾美食天堂。

此外,潜江市成立了全国首家龙虾学院,大力培育小龙虾养殖、烹饪、营销等专业技能型实用人才。截至 2023 年,学院累计培养电商人才 3 000 人、龙虾技师 1 万人、职业农民 1.5 万人次[①],成功构建集小龙虾养殖、加工、餐饮、流通服务业于一体的人才培养体系,打造了全国小龙虾全产业链人才培养输出高地。

第四节　阳澄湖大闸蟹

"不到庐山辜负目,不食螃蟹辜负腹。"阳澄湖大闸蟹,又名金爪蟹,产自江苏省苏州市阳澄湖,自古以来便是中国传统的美食,以其青壳白肚、蟹肉肥美、蟹黄丰富而闻名,2005 年获批国家地理标志产品,成为苏州乃至中国水产的金字招牌。

---

① 湖北省农业农村厅.潜江市加快推动小龙虾全产业链融合升级[EB/OL].(2023－11－13)[2025－01－17].https://nyt.hubei.gov.cn/bmdt/yw/ywdt/txccyfzc/202312/t20231220_5010246.shtml.

一、阳澄湖大闸蟹概况介绍

阳澄湖大闸蟹是苏州的一张亮丽名片。阳澄湖因其得天独厚的自然条件成为大闸蟹生长的理想之地,所产大闸蟹品质卓越。这一优质资源孕育了当地深厚的蟹文化与历史底蕴。凭借独特的品质,阳澄湖大闸蟹品牌赢得了众多荣誉与奖项。

(一)阳澄湖的自然环境

阳澄湖优越的自然环境为大闸蟹提供了理想的生长条件。阳澄湖地处太湖平原,水域面积达 120.75 平方公里,平均水深 2.84 米的浅水特性配合周高中低的地形,形成了稳定的水体环境。湖底硬质基底占比超 65%,以粉沙、泥质沙和沙质泥为主的底质既便于螃蟹掘穴栖息,又利于水生植物固着生长。

湖水清澈透明,高钙含量(23.8 毫克/升)为蟹壳硬化提供了必要元素,适中的镁、磷含量(6.00 毫克/升、0.01 毫克/升)与氨氮水平(0.18 毫克/升)维持了良好的营养平衡。湖中深浅交错的地形特征(最深 9.5 米至浅滩不足 2 米)形成了多样化微生境,配合茂密的水生植物群落,不仅提供了丰富的天然饵料,还构成了复杂的生态网络。

三湖贯通的水系结构增强了水体交换能力,配合 3.2 亿立方米的巨大库容,共同营造出溶氧充足、物质循环高效的特种水产适生环境。这些自然要素的协同作用最终造就了阳澄湖大闸蟹壳青肚白、金爪黄毛、膏肥黄满的独特品质[①]。

(二)阳澄湖大闸蟹的历史文化

大闸蟹名称的由来有多种说法。经《大闸蟹史考》考证,大闸蟹名称源于苏州卖蟹人的口语,因蟹爬上捕蟹时所用的竹闸或竹簖而得名闸蟹,个头大的则称为大闸蟹。另一种说法是,大闸蟹名字的由来与宋代渔民独特的捕捉方式密切相关。在宋代,江南地区的渔民利用螃蟹顺流而下的自然现

---

① 苏州工业园区管理委员会.唯亭镇志第四编(文化)第七章(阳澄湖)[EB/OL].(2021 - 02 - 07)[2025 - 01 - 17].https://www.sipac.gov.cn/szdaglzx/yqfzwtzz/202102/4bcbad1004e343379fc1cce40e62c96a.shtml.

象,在江浦口设置竹编的"帘"来拦截螃蟹。这种捕捉装置类似于水闸,起到了控制和拦截的作用,因此被称为"闸蟹"。随着时间的推移,用这种捕捉方法捕获的螃蟹逐渐被称为"大闸蟹",并成为江南地区特别是苏州一带的特产。

阳澄湖大闸蟹因其品质优异,与花津蟹、胜芳蟹并列为中国三大名蟹,深受消费者喜爱,食用历史更是长达几千年。相传大禹治水时期的巴解为第一个吃蟹的人,他勇敢尝试烫死的"夹人虫",开启了食用阳澄湖蟹的传统,人们为了感激敢为人先的巴解,把巴解的"解"字下面加了个"虫"字,称"夹人虫"为"蟹",并塑像于昆山巴城,诚为敬仰先民大智大勇之创世精神。唐代时阳澄湖大闸蟹已成为皇室贡品。《吴郡志·风俗》上记载,吴人喜食蟹,昆山蔚州村产蟹"大而肥美,土人藏之,鬻于市,俗谓之看灯蟹"。历代文人墨客更是对大闸蟹赞不绝口,将其视为季节性的美食,与美酒、月色同享。

(三)阳澄湖大闸蟹的品牌荣誉

阳澄湖大闸蟹先后获得了绿色食品、江苏名特优新农产品博览会最佳产品奖、全国水产业质量放心国家标准产品、中国十大名蟹、全国知名大闸蟹十佳名优品牌等荣誉称号。2019 年 12 月 23 日,第五届中国农业品牌年度盛典在成都通威国际中心开幕,会上正式发布了"中国农产品百强标志性品牌",江苏阳澄湖大闸蟹等品牌入选。2020 年 7 月 27 日,阳澄湖大闸蟹入选中欧地理标志第二批保护名单。2024 年 7 月,阳澄湖大闸蟹还荣获了"中国一乡一品数字身份证"认证。这一认证不仅实现了产品从生产到销售的全流程可追溯,确保了产品信息的透明真实,还极大地提升了农产品的品牌价值和市场竞争力。

二、阳澄湖大闸蟹品质特征

阳澄湖大闸蟹属于中华绒螯蟹的一种,阳澄湖得天独厚的清澈水质与优质湖底环境为大闸蟹提供了理想的生长条件,随着优良品种的培育和水产养殖技术的不断提高,阳澄湖大闸蟹的品质也不断提升。

(一)阳澄湖大闸蟹的品种优势

阳澄湖大闸蟹以独特的品质、鲜美的口感和丰富的营养价值,深受消费者的喜爱。阳澄湖大闸蟹独特的"青背、白肚、金爪、黄毛"外观特征是其品质优异的体现。阳澄湖大闸蟹的蛋白质、脂肪、维生素等营养素的含量较高,蟹肉中还含有丰富的氨基酸,其中丙氨酸、甘氨酸、丝氨酸、脯氨酸等呈甜味的氨基酸,让阳澄湖大闸蟹肉质鲜嫩清甜,在口感、味道等方面明显不同于其他湖蟹。此外,阳澄湖大闸蟹含有多种矿物质和维生素,尤以钙、磷和维生素 A 含量较高。其中,阳澄湖大闸蟹的维生素 A 高于其他陆生和水生动物,是肉类的 5～6 倍,比鱼类高出 6～10 倍,比蛋类高出 2～3 倍。

2017 年,中国水产科学研究院淡水渔业研究中心、苏州市阳澄湖现代农业发展有限公司、苏州市水产技术推广站等单位共同开展了中华绒螯蟹"阳澄湖 1 号"新品选育工作。2024 年 10 月,中华绒螯蟹"阳澄湖 1 号"通过全国水产原良种审定委员会的审定,成为苏州市第一个河蟹新品种向全国推广。在同样的养殖密度下,新品种"阳澄湖 1 号""四两母蟹、半斤公蟹"规格的出产率超过了 50%,产量较此前增加了 30%[①]。大规格成蟹凭借市场溢价优势,大大增加了养殖户的收益。在高标准池塘养殖区,"阳澄湖 1 号"能够与罗氏沼虾、青虾、鲈鱼进行混养,融合度较好,同等池塘面积,出产率更佳。此外,其抗病性也比其他大闸蟹品种更强,实现绿色生态养殖。在口感方面,"阳澄湖 1 号"肉质更鲜甜紧实,蟹黄蟹膏饱满肥美。

（二）阳澄湖大闸蟹的生态养殖

阳澄湖的水质清澈,富含多种矿物质和微量元素,湖底以沙质为主,淤泥少,硬度适中,为大闸蟹提供了优质的生长环境。阳澄湖大闸蟹的传统养殖方式强调生态环境与水域环境的结合,既有自然放养,又有一定程度的人为管理。这种养殖方式的最大特点是利用阳澄湖独有的自然水域,采用"围网养殖法",将大闸蟹放置在大小适中的围网中,确保水流通畅,水草丰富,水质清新,蟹的生长环境接近天然状态。

随着养殖规模的扩大,阳澄湖的生态环境压力也日益增大。为了保护这片珍贵的湖泊,阳澄湖地区积极探索生态养殖新路径,力求在保障大闸蟹品质的同时,守护好这片美丽的湖泊。为解决水生态难题,阳澄湖地区深入

---

① "阳澄湖 1 号"通过"国考"[EB/OL].苏州日报,（2024 - 09 - 12）[2025 - 01 - 17].https://www.suzhou.gov.cn/szsrmzf/szyw/202409/0474e300e390460f8ebe4bc7f6d09420.shtml.

推进围网养殖压缩,对周边 6 000 亩养殖池塘实施了"三池两坝"尾水区改造,4 700 亩养殖池塘建设了临时尾水区。通过投放本土鱼苗以水养鱼、以鱼控藻,为各类渔业资源提供了更大的生存空间。这些举措使阳澄湖从"养殖湖"还原为"生态湖",水体总磷均值下降了 34.4%,成功解决了因高密度养殖和非法捕捞带来的生态环境问题①。自 2017 年以来,阳澄湖地区逐步采用"863"生态高效养殖技术,即每亩投放扣蟹 800 只,回捕成蟹 600 只,亩均产值能达到 3 万元②,通过降低放养密度、减少投入品使用量、增加螺蛳投放和水草种植等生态内循环养殖模式,进一步提高了大闸蟹的供给能力,实现了"生态、质量、效益"三提升。

三、阳澄湖大闸蟹品牌建设模式

为守护阳澄湖大闸蟹顶级品牌的地位,阳澄湖地区积极建设现代渔业园区,打造智慧管理平台,实行"一蟹一扣一标志"管理,推动阳澄湖大闸蟹产业向更高水平迈进。

（一）现代化园区建设

2009—2013 年,由昆山市、巴城镇两级财政投资 2.2 亿元,完成江苏省昆山市阳澄湖现代渔业园区建设,建设规模达 7 800 亩③。园区由巴城镇政府下属集体企业——昆山市阳澄湖生态高效渔业发展有限公司集中管理。园区打造的现代渔业示范园,是 2012 年度农业部(现为农业农村部)水产健康养殖示范场、2014 年度苏州市"智慧农业"示范基地和 2020 年度江苏省数字农业新技术应用新型农业经营主体。

在基础设施建设上,园区建设标准化池塘,实施池塘养殖循环水工程,实现养殖尾水循环回用或达标排放。同时,园区还建设了管理中心,依托中国水科院淡水渔业研究中心等,开展技术集成与推广,加快科技成果转化落

---

① 全省十佳! 苏州唯一! ［EB/OL］.澎湃新闻,(2024 - 03 - 01)［2025 - 01 - 17］.https://www.thepaper.cn/newsDetail_forward_26523667.
② 针对阳澄湖大闸蟹,相城推出"863"计划! ［EB/OL］.今日相城,(2018 - 09 - 13)［2025 - 01 - 17］.https://www.sohu.com/a/253671146_349678.
③ 江苏省乡村振兴局.2022 年全国智慧农业典型案例:江苏省昆山市阳澄湖现代渔业园区案例［EB/OL］.(2024 - 03 - 05)［2025 - 01 - 17］.https://nynct.jiangsu.gov.cn/art/2024/3/5/art_12086_11166610.html.

地和技术转移。

在硬件设施建设与管理上,园区改良了渔业机械装备,运用渔业机器人作业。此外,园区广泛应用渔业智能化生产管理平台,全面推广物联网技术,采用微生物制剂调控水质,确保了前端水源安全,实现渔业循环发展目标。

在软件系统建设及信息管理上,园区养殖户全面应用水产品质量安全管理平台和地产阳澄湖大闸蟹信用管理平台,实现了质量安全的全程可追溯,并建立了养殖户信用等级管理体系。同时,园区全面应用了渔药价格补贴系统,制定了补贴名录,推广了绿色渔药,确保渔业投入品的购销信息可追溯。此外,园区还加强了渔业病害防治信息化管理,应用水产分院远程会诊平台开展水样检测、病害检测和线上服务,强化了鱼病的科学防治工作。

（二）智慧化管理平台

苏州市阳澄湖大闸蟹行业协会通过搭建阳澄湖大闸蟹质量安全智慧管理平台,打开了智慧农业的新天地。该平台把阳澄湖湖区和周边乡镇高标准池塘逐步纳入统一监管范围,实时准确检测水温、pH 值、溶氧、氨氮、亚硝酸盐等多个水质指标①,蟹农们可以通过物联网设备实时监测水质参数,实现精准测水调水,确保大闸蟹的生长环境处于最佳状态。同时,水下摄像头的应用也让蟹农们能够远程观察大闸蟹的生长情况,及时调整养殖策略。数字化养殖不仅提高了养殖效率,还提升了大闸蟹的品质。通过精准控制养殖环境,蟹农们能够培育出更加肥美、健康的大闸蟹,满足消费者的口味需求。

（三）一蟹一扣一标志

阳澄湖大闸蟹主要采用电商销售和线下销售相结合的生产经营模式,线上、线下销售阳澄湖大闸蟹实行"一蟹一扣一标志"管理,线下市场、门店销售阳澄湖大闸蟹必须在沿湖生产者、经营者发货地及其协会授权企业的备案门店进行蟹扣佩戴。蟹扣内置防伪标签,内置标签正面是阳澄湖大闸蟹地理标志授权使用图案,反面是二维码,消费可以通过扫码查询、网站查

---

① 苏州市阳澄湖大闸蟹行业协会：与国同庆"蟹"逅辉煌[EB/OL].新京报,（2024 - 09 - 30）［2025 - 01 - 17］.https://www.163.com/dy/article/JDAU6OT10512D3VJ.html.

询和公众号查询防伪码真伪,也可通过标签反面加载的语音矩阵进行语音验证。同时,通过大数据、信息化等手段,消费者可以查询到每只阳澄湖大闸蟹的生产产地、销售企业、养殖户、生产管理等信息,从而防伪辨真①。

四、阳澄湖大闸蟹产业发展成效

随着养殖业的发展和生态养殖的推广,阳澄湖大闸蟹的养殖面积不断扩大,养殖技术也不断提升,进一步保障了其品质的稳定和产量的增长。在政府的引导和扶持下,阳澄湖地区的蟹农们纷纷采用科学化、标准化、生态化的养殖方式提高大闸蟹的品质和产量,并积极搭建销售平台拓宽销售渠道。此外,农家乐等乡村旅游项目的兴起吸引游客前来品尝美食、体验田园生活,进一步促进了当地旅游业的发展。

阳澄湖大闸蟹产业不仅涵盖养殖、加工等一、二产业环节,还延伸至商贸、旅游及产业服务等第三产业领域。苏州市阳澄湖大闸蟹行业协会统计数据显示,2023 年阳澄湖大闸蟹养殖面积达 8.65 万亩,总产量约 1.1 万吨,一产产值约为 45 亿元,带动一、二、三产业发展综合产值 350 亿元左右②。经苏州市农业农村局、中国农业大学国家农业市场研究中心联合评估,"阳澄湖大闸蟹"品牌价值已达 282.65 亿元,位列苏州市农业品牌价值第一名③。这一产业的兴旺发展,既为当地渔民带来了可观的经济收入,也促进了周边地区的就业和经济发展。同时,随着阳澄湖大闸蟹知名度的不断提升和销售渠道的不断拓展,其品牌影响力逐渐扩大至全国乃至全球其他地区。

---

① 农产品质量安全监管司.阳澄湖大闸蟹追溯实践[EB/OL].(2021 - 07 - 21)[2025 - 01 - 17].http://www.jgs.moa.gov.cn/zsgl/202107/t20210721_6372508.htm#.

② 全产业链产值 350 亿元!"精品计划"让阳澄湖大闸蟹越盘越大[EB/OL].搜狐网.(2024 - 07 - 01)[2025 - 01 - 17].https://www.sohu.com/a/789915460_121321033#.

③ 苏州市阳澄湖大闸蟹行业协会:与国同庆"蟹"逅辉煌[EB/OL].新京报.(2024 - 09 - 30)[2025 - 01 - 17].https://www.163.com/dy/article/JDAU6OT10512D3VJ.html.

附　录

中国水产品区域品牌分类名录[①]

附表 1　鱼类水产品区域品牌名录

序　号	产　　　地	产　品　名　称
1	安徽省安庆市	花亭湖鳙鱼
2	安徽省池州市	秋浦花鳜
3	安徽省滁州市	滁州鲫
4	安徽省滁州市	明光梅鱼
5	安徽省合肥市	巢湖银鱼
6	安徽省淮南市	凤台淮王鱼
7	安徽省黄山市	太平湖鳙鱼
8	安徽省六安市	万佛湖鳙鱼
9	安徽省芜湖市	奎湖鳙鱼
10	福建省福州市	福州金鱼
11	福建省宁德市	桐江鲈鱼
12	广东省佛山市	顺德鳗鱼
13	广东省茂名市	信宜凼仔鱼

---

① 鉴于数据可得性,本书的分类名录整理,依据农业农村部的农产品地理标志认定名单(截至 2022 年 3 月),未包含国家知识产权局的国家地理标志产品保护名单,未来会进一步补充、更新。

续　表

序　号	产　　地	产　品　名　称
14	广东省梅州市	客都草鱼
15	广东省清远市	清新桂花鱼
16	广东省韶关市	大桥石鲤
17	广东省珠海市	金湾黄立鱼
18	广西壮族自治区防城港市	防城港金鲳鱼
19	广西壮族自治区桂林市	全州禾花鱼
20	广西壮族自治区河池市	大化大头鱼
21	广西壮族自治区柳州市	融水田鲤
22	广西壮族自治区柳州市	三江稻田鲤鱼
23	广西壮族自治区钦州市	官垌草鱼
24	广西壮族自治区钦州市	钦州鲈鱼
25	广西壮族自治区钦州市	钦州石斑鱼
26	贵州省黔东南苗族侗族自治州	从江田鱼
27	贵州省黔东南苗族侗族自治州	剑河稻花鲤
28	贵州省遵义市	播州乌江鱼
29	海南省	海南罗非鱼
30	河北省唐山市	唐山河鲀
31	河南省鹤壁市	淇河鲫鱼
32	河南省洛阳市	孟津黄河鲤鱼
33	河南省洛阳市	伊河鲂鱼
34	河南省郑州市	郑州黄河鲤鱼
35	河南省驻马店市	宿鸭湖鳙鱼
36	黑龙江省大庆市	连环湖鳜鱼

序　号	产　　地	产　品　名　称
37	黑龙江省大庆市	连环湖麻鲢鱼
38	黑龙江省大庆市	连环湖鳙鱼
39	黑龙江省大庆市	石人沟鲤鱼
40	黑龙江省大兴安岭地区	呼玛细鳞鲑
41	黑龙江省哈尔滨市	二龙湖鲢鱼
42	黑龙江省哈尔滨市	方正银鲫
43	黑龙江省哈尔滨市	红星水库鲢鱼
44	黑龙江省哈尔滨市	香磨山鲢鱼
45	黑龙江省鹤岗市	绥滨江鲤
46	黑龙江省黑河市	五大连池草鱼
47	黑龙江省黑河市	五大连池鲫鱼
48	黑龙江省黑河市	五大连池鲤鱼
49	黑龙江省黑河市	五大连池鲢鱼
50	黑龙江省鸡西市	兴凯湖大白鱼
51	黑龙江省佳木斯市	抚远鳌花鱼
52	黑龙江省佳木斯市	抚远大马哈鱼
53	黑龙江省佳木斯市	抚远鳇鱼
54	黑龙江省佳木斯市	抚远鲤鱼
55	黑龙江省佳木斯市	抚远鲟鱼
56	黑龙江省佳木斯市	抚远哲罗鱼
57	黑龙江省牡丹江市	镜泊湖红尾鱼
58	黑龙江省牡丹江市	镜泊湖胖头鱼

序 号	产 地	产 品 名 称
59	黑龙江省牡丹江市	宁安虹鳟鱼
60	黑龙江省齐齐哈尔市	扎龙鲫鱼
61	湖北省荆门市	沙洋长湖鳙鱼
62	湖北省荆门市	漳河水库草鱼
63	湖北省荆门市	漳河水库翘嘴鲌
64	湖北省荆州市	荆州大白刁
65	湖北省荆州市	北湖鳙
66	湖北省荆州市	洈水刁子鱼
67	湖北省十堰市	黄龙鳜鱼
68	湖北省武汉市	涨渡湖黄颡鱼
69	湖北省孝感市	大悟泥鳅
70	湖北省宜昌市	宜昌长江肥鱼
71	湖南省郴州市	郴州高山禾花鱼
72	湖南省衡阳市	耒阳大和草鱼
73	湖南省怀化市	辰溪稻花鱼
74	湖南省岳阳市	华容大湖胖头鱼
75	湖南省张家界市	江垭峡谷鳙鱼
76	江苏省南京市	龙池鲫鱼
77	江西省抚州市	洪门鳙鱼
78	江西省赣州市	兴国红鲤
79	江西省九江市	彭泽鲫
80	江西省萍乡市	萍乡红鲫

序 号	产 地	产 品 名 称
81	江西省萍乡市	武功山石斑鱼
82	辽宁省大连市	大连红鳍东方鲀
83	辽宁省丹东市	宽甸鸭绿江鲤鱼
84	辽宁省抚顺市	大伙房水库鲤鱼
85	辽宁省抚顺市	大伙房水库鳙鱼
86	内蒙古自治区巴彦淖尔市	河套黄河鲤鱼
87	内蒙古自治区赤峰市	达里湖华子鱼
88	内蒙古自治区赤峰市	达里湖鲫鱼
89	内蒙古自治区鄂尔多斯市	巴图湾鲤鱼
90	内蒙古自治区鄂尔多斯市	鄂尔多斯黄河鲤鱼
91	内蒙古自治区鄂尔多斯市	鄂尔多斯黄河鲶鱼
92	内蒙古自治区呼和浩特市	哈素海鲤鱼
93	内蒙古自治区呼伦贝尔市	陈旗鲫
94	内蒙古自治区呼伦贝尔市	呼伦湖白鱼
95	内蒙古自治区呼伦贝尔市	呼伦湖鲤鱼
96	内蒙古自治区呼伦贝尔市	呼伦湖小白鱼
97	宁夏回族自治区银川市	沙湖大鱼头
98	宁夏回族自治区银川市	银川鲤鱼
99	山东省滨州市	汪子岛鳎麻鱼
100	山东省聊城市	东阿黄河鲤鱼
101	山东省临沂市	临沂大银鱼
102	山东省临沂市	马髻山银鱼
103	山东省青岛市	产芝水库大银鱼

序 号	产 地	产 品 名 称
104	山东省青岛市	产芝水库鳙鱼
105	山东省青岛市	琅琊玉筋鱼
106	山东省泰安市	东平湖鲤鱼
107	山东省潍坊市	大家洼鳎米鱼
108	山东省潍坊市	巨淀湖泥鳅
109	山东省潍坊市	老龙湾鳟
110	山东省烟台市	莱阳五龙河鲤
111	山东省烟台市	蓬莱加吉鱼
112	陕西省安康市	安康花鲢
113	陕西省安康市	安康钱鱼
114	四川省德阳市	罗江鳜鱼
115	四川省绵阳市	梓江鳜鱼
116	四川省雅安市	雅鱼
117	西藏自治区日喀则市	亚东鲑鱼
118	新疆维吾尔自治区阿勒泰地区	北屯白斑狗鱼
119	新疆维吾尔自治区图木舒克市	小海子草鱼
120	云南省玉溪市	鱇浪白鱼
121	浙江省湖州市	湖州桑基塘鱼
122	浙江省丽水市	青田田鱼
123	浙江省宁波市	宁波岱衢族大黄鱼
124	浙江省衢州市	开化清水鱼
125	浙江省温州市	温州大黄鱼
126	重庆市巫溪县	巫溪洋鱼

附表 2　虾类水产品区域品牌名录

序　号	产　　地	产　品　名　称
1	安徽省合肥市	巢湖白虾
2	安徽省合肥市	合肥龙虾
3	安徽省芜湖市	陶辛青虾
4	湖北省潜江市	潜江龙虾
5	江苏省淮安市	白马湖青虾
6	江苏省淮安市	盱眙龙虾
7	江苏省南京市	永宁青虾
8	江苏省泰州市	兴化大青虾
9	江苏省宿迁市	洪泽湖青虾
10	江苏省盐城市	建湖青虾
11	江苏省扬州市	龙虬罗氏沼虾
12	辽宁省大连市	旅顺海虾米
13	辽宁省大连市	瓦房店虾皮
14	辽宁省锦州市	锦州毛虾
15	内蒙古自治区呼伦贝尔市	呼伦湖秀丽白虾
16	山东省滨州市	博兴对虾
17	山东省济宁市	鱼台龙虾
18	山东省日照市	日照东方对虾
19	山东省泰安市	东平湖大青虾
20	山东省潍坊市	羊口虾酱

附表 3　蟹类水产品区域品牌名录

序　号	产　　地	产　品　名　称
1	安徽省蚌埠市	五河螃蟹
2	安徽省芜湖市	六郎河蟹
3	安徽省芜湖市	无为螃蟹
4	广东省台山市	台山青蟹
5	广西壮族自治区钦州市	钦州青蟹
6	河北省沧州市	黄骅梭子蟹
7	河北省廊坊市	胜芳蟹
8	湖北省荆门市	沙洋长湖河蟹
9	湖北省武汉市	梁子湖大河蟹
10	湖南省岳阳市	白泥湖螃蟹
11	江苏省淮安市	白马湖大闸蟹
12	江苏省南京市	富财圩螃蟹
13	江苏省苏州市	阳澄湖大闸蟹
14	江苏省泰州市	溱湖簖蟹
15	江苏省泰州市	泰兴江沙蟹
16	江苏省泰州市	兴化大闸蟹
17	江苏省宿迁市	洪泽湖大闸蟹
18	江苏省镇江市	镇江江蟹
19	江西省九江市	湖口螃蟹
20	江西省南昌市	军山湖大闸蟹
21	辽宁省丹东市	东港梭子蟹

续 表

序 号	产 地	产 品 名 称
22	山东省滨州市	麻大湖毛蟹
23	山东省东营市	黄河口大闸蟹
24	山东省潍坊市	羊口咸蟹子
25	浙江省湖州市	长兴漾荡河蟹
26	浙江省金华市	兰江蟹
27	浙江省台州市	三门青蟹

附表4 贝类水产品区域品牌名录

序 号	产 地	产 品 名 称
1	福建省福州市	连江鲍鱼
2	福建省福州市	平潭鲍鱼
3	福建省莆田市	莆田花蛤
4	广东省江门市	台山蚝
5	广西壮族自治区北海市	合浦文蛤
6	广西壮族自治区北海市	北海象鼻螺
7	广西壮族自治区柳州市	柳州螺蛳
8	广西壮族自治区钦州市	钦州大蚝
9	海南省文昌市	冯家湾花螺
10	河北省秦皇岛市	昌黎扇贝
11	河北省唐山市	黑沿子毛蚶
12	江苏省淮安市	洪泽湖河蚬

续 表

序 号	产 地	产 品 名 称
13	江苏省盐城市	弶港泥螺
14	江苏省盐城市	弶港文蛤
15	辽宁省大连市	大连虾夷扇贝
16	辽宁省大连市	大连栉孔扇贝
17	辽宁省大连市	金州海蛎子
18	辽宁省大连市	金州毛蚶
19	辽宁省大连市	旅顺鲍鱼
20	辽宁省大连市	旅顺赤贝
21	辽宁省大连市	旅顺脉红螺
22	辽宁省大连市	普兰店黄蚬
23	辽宁省大连市	庄河牡蛎
24	辽宁省大连市	庄河杂色蛤
25	辽宁省大连市	普兰店蚬蛸
26	辽宁省丹东市	东港大黄蚬
27	辽宁省丹东市	东港杂色蛤
28	辽宁省锦州市	锦州毛蚶
29	山东省青岛市	泊里西施舌
30	山东省青岛市	胶州湾蛤蜊
31	山东省日照市	日照大竹蛏
32	山东省日照市	日照西施舌
33	山东省威海市	荣成鲍鱼
34	山东省威海市	荣成魁蚶

序　号	产　　地	产　品　名　称
35	山东省威海市	荣成牡蛎
36	山东省威海市	威海扇贝
37	山东省威海市	威海蚬蛤
38	山东省威海市	文登布蛤
39	山东省威海市	文登面蛤
40	山东省潍坊市	老河口白蛤
41	山东省潍坊市	寿光蚂蚬
42	山东省潍坊市	寿光毛蚶
43	山东省潍坊市	寿光文蛤
44	山东省潍坊市	寿光缢蛏
45	山东省烟台市	莱阳五龙河河蚬
46	山东省烟台市	莱阳缢蛏
47	浙江省宁波市	慈溪泥螺
48	浙江省宁波市	长街蛏子
49	浙江省台州市	三门血蚶
50	浙江省舟山市	嵊泗贻贝

附表5　藻类水产品区域品牌名录

序　号	所　在　地　区	产　品　名　称
1	福建省晋江市	晋江紫菜
2	福建省平潭县	平潭坛紫菜
3	辽宁省大连市	旅顺海带

续 表

序 号	所 在 地 区	产 品 名 称
4	辽宁省大连市	大连裙带菜
5	山东省荣成市	荣成裙带菜
6	内蒙古自治区鄂托克旗	鄂托克螺旋藻
7	重庆市石柱土家族自治县	石柱莼菜

附表 6 龟鳖类水产品区域品牌名录

序 号	所 在 地 区	产 品 名 称
1	安徽省芜湖市	无为草龟
2	安徽省宣城市	旌德梅花鳖
3	广西壮族自治区崇左市	凭祥石龟
4	广西壮族自治区贵港市	桂平黄沙鳖
5	广西壮族自治区贵港市	平南墨底鳖
6	广西壮族自治区钦州市	钦州石金钱龟
7	河北省唐山市	玉田甲鱼
8	河南省信阳市	固始甲鱼
9	湖北省荆门市	京山乌龟
10	湖南省常德市	常德甲鱼
11	湖南省常德市	汉寿甲鱼
12	湖南省益阳市	南县草龟
13	湖南省益阳市	南县中华鳖
14	江西省抚州市	南丰甲鱼

序　号	所 在 地 区	产 品 名 称
15	内蒙古自治区鄂尔多斯市	巴图湾甲鱼
16	山东省济南市	白云湖甲鱼
17	山东省济宁市	鱼台甲鱼
18	山西省运城市	吴王渡黄河鳖
19	四川省广元市	苍溪鳖
20	浙江省宁波市	余姚甲鱼

附表7　其他类水产品区域品牌名录

序　号	所 在 地 区	产 品 名 称
1	广西壮族自治区防城港市	防城港泥丁
2	广西壮族自治区北海市	北海沙虫
3	广西壮族自治区桂林市	恭城娃娃鱼
4	河南省洛阳市	伊水大鲵
5	湖北省宜昌市	兴山石蛙
6	辽宁省大连市	大连紫海胆
7	辽宁省大连市	海洋岛海参
8	辽宁省大连市	虎平岛海参
9	辽宁省大连市	瓦房店海参
10	辽宁省锦州市	锦州海蜇
11	山东省青岛市	灵山岛海参
12	山东省日照市	日照金乌贼

序　号	所　在　地　区	产　品　名　称
13	山东省威海市	荣成海参
14	山东省威海市	荣成海胆
15	山东省威海市	威海野生刺参
16	山东省威海市	西霞口刺参
17	山东省烟台市	崆峒岛刺参
18	山东省烟台市	蓬莱海参
19	山东省烟台市	桑岛刺参
20	山东省烟台市	烟台海肠
21	福建省晋江市	安海土笋冻